# 跟日本媽媽教出十優孩子

日本知名教育專家
**杉山由美子** ◎ 著

新雅文化事業有限公司
www.sunya.com.hk

# 千里馬的孩子，來自伯樂父母

親子教育家・台灣建中資深名師　陳美儒

多年前，在一個廣播節目談家庭教育的專訪中，主持人突然問我：「美儒老師，如果時光可以倒流，你還是會堅持跟孩子『說理』而從不打罵的教養兒子、女兒嗎？有沒有曾經感到遺憾或想改變的事？」

的確在陪伴孩子的成長路上；面對孩子犯錯，我確實極少大聲訓斥，更不用提打孩子；不過唐媽咪美儒老師跟孩子約定的「規則」卻多得很，甚至有些實在不近「人情」。

例如，兒子在小學三年級開始學會騎單車，我卻嚴格規定：以家為中心，不得超過三個路口；因為為娘的，總認為台北交通又亂又複雜，許多汽車司機不把單車放眼裏，危險呀。

女兒呢，女孩子更要寶貝保護她。國中時代，同班同學（當時男女分班）考完月考大家相邀到西門町逛街、看電影，我卻認為西門町人多又亂，不良「狼人」出沒無形，令人擔憂，所以我極力堅持「禁足」，不准她跟同學到西門町。女兒從小柔順聽話，也就沒有參與「西門之行」。女兒在少女青春期，從不知道西門町的繁華多姿；在隱形版「虎媽」的教養下，其實也因此剝奪她與同儕交往的機會，甚至在同學少女羣裏，她開始形單影隻，除了讀書、在家看電視，她變得喜歡獨來獨往，不太懂得與人交往溝通。

兒子呢，向來活潑開朗又調皮，在我面前總是乖乖的一切合乎「規定」，事實上，他最會呼朋引伴，身旁周遭總是跟着一堆死黨好友。一直到國中二年級，有一回在家庭郊遊玩得開心時，他才說溜了嘴。告訴我，早在學會騎單車的第一個月，他就跟幾個要好同學從重慶南路二段的家，一路騎到羅斯福路四段的台灣大學，再奔往公館直接馳騁到新店碧潭呢。什麼不准超過三個路口，當年才十歲的兒子早就騎過十公里路，而唐媽咪在事隔多年後才得知真相。

孩子的成長只有一次，錯失了，想回頭重來，不可能；錯誤的教導抉擇，所造成的遺憾有沒有補救的可能？殘酷的說，一切都回不去了。

事隔多年後的今天，雖然一雙兒女都已成年成長，坦白講，身為母親的我，在內心深處對昔日的作為仍有難以抹滅的愧疚。

日前當我閱讀到日本知名教育專家，杉山由美子的著作時，不禁怦然心動，當下有如醍醐灌頂，感到強烈的震撼，我想，如果我能在更早更早的時候看到這本書，唐媽咪美儒老師肯定不會自以為是的定下那麼多「規定」，不會再是那外表看似溫柔婉約，內在卻是不近人情的隱形版「虎媽」。

出身於日本早稻田大學文學系的杉山由美子，近年來所著述的親子教養書，一直盤旋在日本出版界的暢銷排行榜上。因為長期擔任教育記者，以多年採訪無數父母的經驗，再加上實地訪查各種親子教養問題，拜望許多學者、專家；同時也是兩個女兒母親的由美子，深入探討親子教養間的煩惱與困擾，為所有關愛孩子的父母尋求圓滿的解決方法。

全書分為十大章，提供了八十八種建議良方；作者結合採訪事例，以及以腦科學研究為基礎；這些方法都立即可行，且不必花錢費時；當孩子高興自己變得有能力時，父母家長自然也開心，可謂親子雙贏皆大歡喜。

在第一章〈如何培養積極進取的孩子〉裏，作者提到：批評孩子之前，先試着稱讚；擁抱可以促進大腦發育、誇獎孩子要有技巧、鼓勵孩子勇於面對挑戰。在第二章〈如何培養待人友善的孩子〉裏，她強調：父母的態度，決定孩子的態度；吵架也是一種學習；父母是孩子的榜樣，孩子是父母的鏡子；學習「有話未必要直言」的智慧。接着她寫道：〈如何培養專注力強的孩子〉、〈如何培養喜愛交友的孩子〉、〈如何培養有學習力的孩子〉、〈如何培養喜歡上學的孩子〉、〈如何培養擅長運動的孩子〉、〈如何培養懂得結交異性朋友的孩子〉、〈如何培養有社會適應力的孩子〉、〈如何培養與父母友好相處的孩子〉。

豐盛的十大篇章，每個篇章則涵蓋着八到九篇的短文「秘笈」；編排上用心認真地把每篇「秘笈」良方都安排在八百字左右，打開書頁正好左右各一面；閱讀起來十分清爽宜人，條例尤其簡潔清晰易懂。

現代物理學大師愛因斯坦曾說：「人人都是天才，但如果你用『爬樹能力』來評斷一條魚，那牠終其一生都會認為自己是個蠢才笨蛋。」我想這句話主要是在告訴每位爸爸媽媽，每個孩子都具有天生與眾不同的特質和才能，要知道他是否成為一個人才或蠢才，就要看能否遇見「懂」他的人。

在這世上，如果沒有伯樂，又哪來千里馬的出現？

每個孩子最早、最深的知己，就是父母。

透過本書，我相信，很多父母都可以很快的成為孩子的伯樂，很多孩子也因此喜悅的成為天地間的千里馬。

診斷
Check List!

# 你能培養出「十優」孩子嗎？

## ●請在你認為正確的觀點前打勾。

□父母盡量不在孩子面前吵架。
□希望孩子多結交成績好的朋友。
□避免讓小孩與其他孩子吵架。
□與其稱讚別人的孩子，不如多稱讚自己的孩子。
□懂禮數的父母不在人前炫耀自己的孩子。
□早上運動會消耗一天所需的部分能量，所以不讓孩子在早上運動。
□孩子小的時候，孩子的事總排在第一位，凡事以孩子為主。
□當孩子說：「長大了我想當太空人」時，讓孩子明白「憑你現在的成績是不可能的」。
□絕對不允許孩子無故不去上學、留級或退學。
□孩子不僅擅長的科目要好好學，不擅長的科目也要兼顧。
□一定程度上，會幫孩子選擇朋友。
□孩子寂寞的時候，不去打擾孩子。
□眼看孩子快失敗的時候，會提供建議，以免孩子碰壁。
□家長的態度不能馬馬虎虎，否則孩子會受到不良影響。
□孩子年紀小的時候，不必勉強結交異性朋友。

答案都是「×」。

你的回答呢？

想要培養「十優」孩子，或許真的需要一些技巧。

家長應該怎麼做呢？

請往下讀。

# 前言

做父母的，都希望孩子能夠擁有幸福的人生。

為此希望孩子成為「能幹的孩子」，其實，是希望孩子「比別家孩子更能幹」的競爭心態作祟，令你無暇充分享受育兒的樂趣。

在這本書中，讓我們一起探討到底希望孩子能在哪些方面顯得能幹，為了達成這個目標，父母又應該做些什麼、該怎麼做。本書探討如何培養出：

一、積極進取的孩子

二、待人友善的孩子

三、專注力強的孩子

四、喜愛交友的孩子

五、有學習力的孩子

六、喜歡上學的孩子

七、擅長運動的孩子

八、懂得結交異性朋友的孩子

九、有社會適應力的孩子

十、與父母友好相處的孩子

可能還有更多事情，是父母希望孩子能夠做到的，本書將大部分家長都較為關心的內容歸納為十章。

在書中，我建議了八十八種方法，這些方法都是立即可以實行，又不必花錢的教育方式。孩子若能變得能幹，孩子高興，家長也開心，可謂皆大歡喜。

請馬上從做得到的地方着手改變。

說到「能幹」，人們往往最先想到「成績好」。

但也不是只要孩子的成績好，就代表一切都好。你我多多少少都已經感覺到，曾經只要從一流大學畢業就能平步青雲的時代，已經結束。

既然沒有其他什麼可指望的，那至少得先把書念好！——正是這種想法，促使父母們把年幼的孩子送進各種才藝班、補習班。父母們只想避免孩子受挫，迫切地希望孩子儘快、儘早地獲得成功。

其實，這種只要自己孩子優秀就好的想法，並不能替家庭帶來幸福和安心。如果孩子不主動交朋友，在學校也不會開心，不開心就可能不想去上學。說得嚴重一點，將來更有可能無法適應社會。

雖然說人生的路還很漫長，但請不要忘記，養育孩子的最終目的，是使孩子能在社會上找到屬於自己的位置，予人支持、受人信賴，擁有一個充實的人生。

這本書結合我的採訪事例，以腦科學研究為基礎，探討如何育兒才能把孩子培養成真正能幹的孩子。腦科學告訴我們，一貫利己的人終究會被社會拋棄，不會成功；只有為人着想並付諸行動的人，才會得到他人的幫助和支持。

為此，我們首先需要讓孩子充分利用頭腦和體能，和大家一起朝着目標共同奮鬥。當孩子得到讚美和鼓勵，就會堅信自己能做到，終致達成目標，體會成就感。

此外，父母還要鼓勵孩子為伙伴付出，提高孩子與人交流、交往的能力，培養孩子和周圍的人建立良好的互動關係。在此同時，和諧的親子關係，也是培養能幹的孩子的重要因素。

處在穩定、令人安心的人際關係中，孩子就容易有超出水準的表現。

能夠做到這一點的可說就是「能幹的孩子」。為了達到這個目標，父母們應該怎麼做呢？

在充滿競爭的社會，每位家長都不希望自己的孩子在競爭中落敗，怕孩子不知該如何面對孤獨、憂鬱。

但是，有這樣的想法就足夠了嗎？

閱讀本書的讀者，一定也都是為孩子着想、希望能為孩子做些什麼的家長。有時候也會感到不安，猶豫「這樣做到底好不好」，正如以前的我。

近年來，由於少子化的關係，使家長們把更多的金錢和時間投入到孩子身上，然而，長年在教育系統採訪的我，看到的實際情況卻一點也不樂觀。

你會隨波逐流嗎？

你不覺得有什麼地方「不對勁」嗎？

對！最重要的是家長和孩子都要做個「正向」的人。把孩子培養成一個懂得享受人生樂趣的人，這應該是我們每個為人父母者的共同心願吧！

衷心希望，本書能夠為你帶來一些啟發。

# 目錄

## 第1章 如何培養積極進取的孩子？

第2章

# 如何培養待人友善的孩子？

第3章

# 如何培養專注力強的孩子？

第 4 章

# 如何培養喜愛交友的孩子？

第5章

# 如何培養有學習力的孩子？

第6章

# 如何培養喜歡上學的孩子？

第7章

# 如何培養擅長運動的孩子？

第10章

# 如何培養與父母友好相處的孩子？

# 第1章

# 如何培養積極進取的孩子？

# 1 批評孩子之前，先試着稱讚

「讚美」可以培養孩子的進取心。
批評前要先讚美孩子，批評也要點到即止。

當孩子年紀還小，父母總會不時守候在孩子身旁，關注他的一舉一動。當「會站了」、「會說話了」、「會用湯匙吃飯」，每個小小的進步都令父母欣喜若狂，對孩子的表現讚不絕口。

可是當孩子到了上小學的年紀，父母的態度是否有截然不同的改變呢？不是催促孩子「快點」、「把東西收好」、「衣服穿好」，就是批評孩子「你為什麼那樣做」、「你做的不對」……得不到讚美的孩子，脾氣也會變得暴躁。孩子只有得到「讚美」才能進步。被讚美時，大腦受到刺激會分泌多巴胺（多巴胺是一種神經傳導物質，主宰人們的精神穩定與否、情緒是否亢奮或沮喪等）。

根據腦科學的研究顯示，當人們朝着目標努力，體驗到成就感時，大腦就會分泌多巴胺。同理，孩子得到讚美就會更有幹勁，更加努力，因此形成良性循環。

這讓我想起，曾效力於美國紐約洋基隊職業棒球選手松井秀喜的父親，曾經說過的一段話。「秀喜還小的時候，我幾乎沒罵過他。哪怕要責備他，我也會先回想這兩、三天，不，過去的這一周裏，孩子做了些什麼值得讚美的事。先讚美他，讓孩子覺得爸爸是肯定自己的，沒有打擊到自尊，孩子才容易接受批評。」

正是因為有這樣的父親，松井秀喜才能成長為堅持自己理想的男子漢，不管遇到多大的困難，都能夠沉着應對。

責備孩子只要一瞬間就能完成。斥責孩子的話語往往能滔滔不絕地說個不停，而讚美的話父母卻常要絞盡腦汁才能說出口。不過，聽了松井父親的一席話後，大家可以試試看，**在想要開口責備孩子的時候，先深呼吸**。

當開始習慣性地關注孩子值得讚美的地方，批評孩子的次數自然就會減少。

# 2 「陪伴」是對孩子最好的守護

無論何時，都守候在孩子身邊，盡全力保護孩子，這才是為人父母最重要的責任。

孩子的成長不會一帆風順。家長在教育孩子的過程中，也不可能隨時都保持在最佳狀態，讓孩子享受完美的親情。

不少孩子們從小就去才藝班、補習班，被貼上資優生、一般生的標籤，將孩子排名次，這些現象使家長們對孩子的成績越來越敏感。

「我家的孩子不是念書的材料。」「我的孩子缺乏運動神經。」

一些家長過早地替孩子的能力下定論，這種現象相當令人擔憂。因為一個孩子在什麼時候、以什麼樣的方式決定努力奮鬥，發揮出自己的才能，其實是無法預知的。

即使是成年人，要去陌生的地方、見陌生的人，有時也會感到害怕、緊張。或許大人認為就算對孩子解釋，孩子也不會明白，但其實將毫不知情的孩子帶到醫院、去旅行或帶去任何一個陌生的地方，都是一種莽撞的行為。而且，**事先向孩子詳細說明的過程，也是對孩子語言能力的訓練，可以豐富孩子的詞彙，提高理解力，並鍛煉孩子傾聽的能力。**

個性較率真的孩子，遇到這種情況有時會大發脾氣，或驚慌之餘感到不知所措，這些都是過度憤怒的表現。

在這種情況下，先讓孩子坐在房間裏的椅子上，將其暫時**「隔離」也是個好辦法。**讓孩子的情緒冷靜下來，這是針對有輕度自閉症或有發展障礙孩子的一種有效的行為療法，我認為對一般孩子也很有效。

家長需要知道，正在發脾氣的孩子自己也很困惑。所以什麼都不用說，讓孩子獨自安靜一陣子。當然，大人要在附近靜靜地等待孩子的怒氣平息，才不會讓孩子產生孤獨感、覺得自己被拋棄。

以這樣的方式學會自我控制的孩子，還能同時建立起自信心。

## 5 請多對孩子說正向、積極的話

多對孩子說「真有意思」、「真好吃」等正向、積極的話，能培養出肯努力的孩子。

就算遇到不愉快的事，即使心中充滿憤怒和怨恨，也請試着說「早安」，或「今天早餐真好吃啊」。什麼內容都可以，**請把正向、積極的話語一直掛在嘴邊**。

如果能做到這點，你會不可思議地發現，大腦接收了那些話語後，令你覺得一整天都充滿幹勁。如果一早起來孩子悶悶不樂、情緒低落，也請對小孩說些正向、積極的話，孩子的大腦就會受到刺激，從昏沉中清醒過來。所以，請盡量多對孩子說些有正面能量的話。

千萬不要說「別拖拖拉拉」、「快吃早餐」、「忘了帶東西，會被老師責罵」等負面話語。消極的話語，只會讓孩子的大腦關閉。

父親如果能多和孩子玩耍，擁抱孩子、舉高高、搔癢胳肢窩，也都有顯著的加分效果。祖父母和藹的話語、來自其他家長的誇獎，如「你真棒」、「做得真好」等，都會成為滋潤孩子心靈的養分。

當你想讚美自己孩子的時候，**就連別人的孩子一起，大張旗鼓地讚美吧**。

「××，你能自己翻上單槓，真的很棒！」

「××，你真關心別人！小朋友哭的時候，你還會安慰他。」

「××，你跑得真快！」

反之，大量的讚美也會從其他孩子媽媽的口中重回自己孩子身上。這樣一來，漸漸地，媽媽就能掌握稱讚孩子的方法和時機。

不過，不能忘記的是，**孩子能得到自己父母的讚美才是最令他高興的**。讓我們努力地讚美孩子吧！

# 8 對孩子的任何進步都及時給予肯定

即使是一點點的進步，也由衷地為孩子高興，鼓勵他，孩子會充滿前進的動力。

有一天，我在一家書店不起眼的角落，發現一本平裝的《ニキーチン夫妻と7人の子ども》（尼基京夫婦和七個孩子）。沒想到現在還有人在讀這本書，不禁覺得很高興。這是一本育兒書，講述一對平凡的俄羅斯夫婦，培養出不論體力和智力都非常出色的孩子的育兒經驗。

當孩子尚處於嬰兒時期，尼基京夫婦就讓他們吊單槓。在俄羅斯的嚴冬，他們讓孩子赤身裸體在戶外玩耍。爸爸親手為孩子製作拼圖、桌上遊戲等益智玩具。父母表示：「絕對沒有強迫孩子們玩這些遊戲，都是孩子主動去玩，而且樂在其中。」

出乎意外地，夫妻倆驚訝地發現：沒想到，孩子居然玩得這麼出色！

這七個孩子玩過的神奇拼圖、遊戲，後來被開發成商品在日本販售。七個孩子中有的考入知名大學，有的進入職業學校。但遺憾的是，後來的成長歷程則無從得知。

不過，我們可以從書中感受到尼基京夫人的開朗、熱情和包容力。她相信孩子的能力，當孩子成功時，會由衷地感到高興，她高明的育兒方法值得我們參考。

無論是拼圖還是單槓，尼基京夫婦**創造了良好的環境，讓孩子們能愉快地投入其中**。

為了讓孩子能逐漸地進步，不管是吊環、平衡木，還是積木、繪本，他們從最簡單的開始，慢慢增加難度，循序漸進地提供孩子更複雜的學習。當孩子做到了，會鼓勵孩子。弟妹們會向兄姊學習，因為他們知道，只要努力就能得到讚美。**要在孩子完成的當下稱讚他們，這是讓孩子進步的小秘訣**。

而且，這位聰明的母親會事先告訴孩子什麼是危險的。例如：為了讓孩子知道火是燙的，她將點燃的火柴靠近孩子，告訴他們：「火光好燙。」或讓孩子用頭碰觸桌角，孩子就知道碰撞到會疼痛。這樣孩子就能確實地了解什麼是危險，從而在挑戰事物時會小心謹慎。

# 9 鼓勵孩子勇於面對挑戰

堅信「只要努力就能做到」的孩子，會從失敗的經驗中學習。

「又考滿分，你真聰明！」

「你的芭蕾跳得好優美，真有天分。」

你可曾這樣誇獎過孩子？

若稱讚孩子「聰明」、「有天分」等與生俱來的特質，當孩子碰到難題時會容易放棄。總被誇獎「聰明」的孩子，會害怕一旦做不好，就被認為「笨」，於是變得畏懼挫折，遇事綁手綁腳；常被誇「有天分」的孩子，也會害怕一旦失敗，被認為「沒有天分」，於是不敢挑戰。總之，以這樣的詞語誇獎孩子，會使孩子們一旦受挫，難以重新振作。

在誇獎孩子的同時，大腦會自動地去認同這些話。請充分利用這樣的「自我暗示」，更加喜歡自己的孩子。

每個人都會有覺得孩子煩人、討厭的時候，越是這樣，越該說出咒語——**「我愛你」、「媽媽喜歡你」，並緊緊地擁抱孩子。**

利用語言將愛傳遞給孩子，你也能再次意識到自己心中對孩子的愛。

把愛付諸語言或行動，會使愛唾手可得。

只有得到父母的關心與疼愛的孩子，才會懂得善待他人。這是我自己在竭盡全力照顧孩子、保護孩子的經歷中，領悟出的真理。

愛的作用是相互的，如果父母全心全意地投入去愛孩子，將會從孩子身上得到同樣的愛。

請現在就去告訴孩子：「我愛你」吧！

# 11 父母的態度，決定孩子的態度

父母帶頭善待他人，就能營造家庭幸福的氛圍。

一天只要一次就好，你是否願意試着善待他人？

一天只要一次就好，你是否願意試着讓別人感到幸福？

你會發現，這並不是一件容易做到的事情。但若心裏存着行善的念頭，眼中的世界就會大大的不同。

同時請試着告訴孩子，你為別人做了什麼令他開心的事；也告訴孩子，別人為你做了什麼令你高興的事。這樣做會讓孩子了解，如何能夠幫助別人，怎樣做才能令人感到愉快。

比起教導孩子不應該做什麼，倒不如教孩子怎樣做才能讓別人愉快，更能為父母和孩子帶來幸福感。

**在孩子的教育課題上，父母以身作則非常重要**。人的大腦會自動地發出這樣的指令：「朋友之間應該互相幫助。」

人類組成家庭、擁有家人，為了一家人能夠生存下去，與其他家庭建立互相幫助的關係，這是人類大腦選擇的戰略模式。

據了解，人腦的思維模式為：現在是別人幫助我，以後我也會幫助他，彼此互相幫助度過難關。正是在這樣相互扶持的過程中，大家會自然而然地採取彼此都能獲得幸福的行動。

**人類具有善待他人的本能**。

因為從長遠看來，攻擊對方會導致自己孤立，或獨自霸占利益，是無法讓自己得以長久生存的。

有數據指出，前額葉皮質發達的人往往社會地位高，收入也高，家庭美滿，遭遇疾病和事故的機率也相對較低。在陪伴孩子成長的過程中，應該始終相信孩子具備這種美好的本能。

# 12 讓孩子得到被他人接納的體驗

孩子知道遇到困難，隨時可以獲得幫助，
感到自己被人接納的安心，是成長過程中的珍貴寶藏。

在孩子的成長過程中，讓孩子與其他小朋友一起玩耍，是件極為重要的事情。

曾經有人做過以下的實驗：把一隻猴子在年幼階段與其他猴子隔離，被隔離的猴子反應變得遲緩，玩耍的次數和時間也減少，不是蹲在籠子的角落，就是在籠子裏團團轉，性情變得容易激動、攻擊性強。等牠長大後，再重新放回猴羣，這隻猴子受到其他猴子的攻擊，從此無法融入猴羣。

人難道不是一樣的嗎？我也曾是一名不適應學校生活的孩子。不明白為何那時的自己會如此沉溺於幻想中，感覺自己是如此的不幸。那時的我既消極又內向，總是畏懼着什麼，總是沒原因地怕被別人傷害。

這是所有的技術、藝術、武術，乃至所有技能之教授方法的精髓。

事情背後的意義可以日後再理解，但這也是為何在日本傳統教育中，會讓四歲的孩子背《論語》中〈子曰〉的原因。

日本的教法是先從「形狀」開始，西方是先讓孩子接受理論，因此在西方人看來可能並不合理，但這其實是符合幼兒大腦的特點。不，可以說，這也是符合成年人大腦特點的學習方法，就是日本俗話說的「學習不如習慣」。

事實上，有些地方是不管父母如何訓斥孩子都難以糾正過來的，但一些你不希望孩子做的事，往往孩子卻學得很快。有一次，我看到大女兒嚴厲地訓斥妹妹時，語氣、聲調幾乎和我一模一樣，我嚇了一跳。孩子是最有潛力的觀察家。

看到有老人家拿着沉重的東西，去幫忙拿；鄰居生病了，送熱騰騰的湯給他喝；朋友心情不好，約他出去吃飯……再小的事情都沒關係。即使覺得自己有點勉強，也要善待他人，**做孩子的榜樣。這樣孩子就會模仿你，而且，總有一天孩子會有所體會。**愛心就像回力棒，你給予別人什麼，也會得到什麼。

# 15 給孩子，金錢買不到的富足

為了孩子將來能幸福，現在就給孩子滿滿的幸福。

人最想得到的，無非是愛情、幸福、安心生活的環境、溫暖的家人和朋友。

但是，只靠自己一個人的努力往往得不到。當和別人共同邁向上述這些目標的時候，才能感受到「喜悅」。

在文明高度發達的現代社會，儘管生活已經變得不再單純，但我仍然認為，想得到幸福是需要藉着別人的力量，這一點是永遠不會改變的。

幸福是用金錢買不到的。

**純真的愛情、溫柔、設身處地為他人着想……請把這些盡量地運用在與孩子的接觸中。**

我想，這些也一定是你從孩提時代起就最想得到的。

你也可以嘗試把這些金錢買不到的情感用在家人和身邊的人身上。凡是你能力所及的、能使身邊的人感到幸福的事情，都可以去做做看。

這樣做，你內心的不滿和憤怒都會減輕，心境會變得平和。

孩子無論是把自己關在家裏，還是拒絕上學，都是因為他們只考慮自己，進而對社會產生恐懼感，時時刻刻擔心自己被傷害。發展到最後，孩子極有可能與社會隔絕。當他們畏懼逃避人羣的時候，也不可能願意接受別人的愛心和善意。

調查發現，擔任義工的人往往幸福感很高，而且身心健康。

**人因給予而幸福**。

讓我們和孩子一起思考，怎樣做才能得到幸福。

# 16 集合祖父母的力量，讓孩子得到更多愛

**孩子能到得到父母以外的人的疼愛，不僅增加情感依附，個性也會乖巧而能幹。**

我曾問過學校和補習班的許多老師，他們都異口同聲地回答：「會不斷進步的孩子，往往都是個性乖巧的孩子。」但是，那些經常被批評、甚至被虐待的孩子，當然不可能乖乖地聽大人說話，他們早已把耳朵關起來。

在被人疼愛中長大的孩子，性格開朗，舉止惹人喜愛，常能博得周圍的人的好感。反觀成長在被訓斥、無人關心的環境中，甚至遭受暴力的孩子，會有強烈的反抗心理，很難相信大人，會不斷試探別人給他的愛是真是假。

我的大女兒在大學主修社會福利，她曾去「母子之家」注實習。有個小男孩常會故意對她說髒話，態度十分頑劣，這大概是他不到十年的殘酷人生經歷所造成的結果。

事情發生在小學高年級的課室。全班排隊時，一名學生突然打了排在後面的同學。大石老師沒有立刻訓斥打人的學生，而是過了一會兒才問他：「為什麼出手打人？」他說，以為後面的同學想到前面所以故意撞他，就索性以牙還牙。原來是他誤會了。

「原來如此。你很生氣對吧？」

**在出言批評前，請先同理、接受孩子的感受。**

孩子發現自己的想法被理解，就會放心，自然產生信賴感。再**引導孩子重溫當時的狀況**，可以問他「××同學是故意撞你嗎？」也可以直接問撞他的那位同學。再問問其他同學，應該會了解排隊的時候很擁擠，當時大家都是撞來撞去的。

「××同學說，他不是故意的。因為隊伍很擠，一着急不由自主的就撞上你。」

讓打人的孩子**了解真實的情況**後，再問他：「現在你想怎麼做？是留在這裏，還是向××同學道歉，然後回課室？」據說，孩子經過這種引導後，大多能順利地做出「正確的選擇」。

注　**大石良子**：將「引導式對話」運用在日本教育的第一人，並將引導式對話導入小學教育的實務研究。

專欄

## 十一歲以前，媽媽請多和孩子在一起；十一歲以後，請多給孩子獨處的時間

「一不盯着，孩子就看漫畫。非得看着不可。」——有這樣想法的媽媽，應該不在少數。

在孩子小學低年級的階段，父母最好多抽時間陪伴孩子，別讓他一個人。來自家長適度的壓力，能夠發揮良好的作用。

陪伴孩子的時候，媽媽可以看看書或織毛衣。其實這種陪伴並不是監視孩子，媽媽只需要一邊做自己的事，一邊守候在孩子身旁。

當孩子習題寫完，可以讓孩子自己（或和媽媽一起）對答案。「你都答對了，真棒！」只是一句簡單的讚美，會轉化為對孩子的鼓勵，發揮驚人的效果。

有時候也可以替孩子設定時間限制，如「試着在十分鐘內完成」。讓孩子在解題、讀書時，稍微承受時間上的壓力，對孩子來說也是很好的訓練。

但是，這些行為最好只到十歲左右就好。十一歲後，孩子與媽媽之間會產生一定的距離，這時要減少陪伴孩子的次數。到了中學，就讓孩子獨自並獨立學習。

媽媽需要根據孩子不同的成長階段，調整自己的角色，這一點非常重要。

第3章

# 如何培養專注力強的孩子？

# 19 懂得玩與懂得學習一樣重要

在孩子堆裏玩到大的孩子，具有後來居上的能力。
請讓孩子多在外面玩耍吧！

「孩子對有興趣的事物就會好好學習，沒有興趣的話就缺乏動力。就像在玩耍時，總能興致勃勃達到忘我的境地，自然充滿樂趣。」

這是某位以「生活為目的」的訓練班老師所說的話，他負責教導學校的資優班。像玩耍一樣，不，在這些孩子眼中，學習就是玩耍，讓他們感到很快樂，所以他們能集中精力學習。能讓孩子感到學習和玩耍一樣快樂的人，實在太厲害了。

常常有些男孩子，面臨升學考試時，**因為曾經「認真」地玩過，也能像玩那樣「認真」對待學習**，所以能後來居上。

**對某件事着迷、聚精會神地投入的經驗，能為孩子帶來無法計算的積極影響。**關鍵在於，由孩子自己選擇去做什麼。

**當孩子獨自在家的時候，放一些可以玩的物品，**如各種各樣的布、針線盒、顏色紙、顏色筆、蠟筆、水彩、貼紙等，也可以在客廳裏放些地圖、百科全書、字典或歷史方面的漫畫書。請別忽略，其實不少男孩子也喜歡縫紉。

筆記本、速寫本也不可少，讓孩子自由地在上面塗鴉。再準備一些可以寫和剪的紙，就算是小張的紙也沒關係。

如果孩子對文字感興趣，也可以提供識字卡；若對數字感興趣，可準備數字表或簡單的練習題。

**讓孩子自己主動體會運用雙手和大腦玩耍的樂趣**。即使家裏被孩子弄得亂七八糟、到處是水，也請稍微忍耐，這只是開發孩子潛能的代價。

## 22 走向戶外，啟發孩子空間認知能力

孩子運用肢體盡情地玩耍，能夠刺激感官，促進大腦發育。

當孩子玩捉迷藏、爬樹、搭建秘密基地，或當他們踢足球、打棒球時，均在大自然的環境中進行活動。

在大自然中，孩子可以看到各式各樣的顏色和形狀，聽到各種聲音，觸摸各式各樣的東西，聞到各種氣味，體會各式各樣的感覺，經歷各種心理變化，收穫感動，在這些與大自然接觸的過程中，強烈刺激孩子的感官，促進大腦發育。

高濱正伸 注 主辦的「花丸學習會」，設立以「作文」、「閱讀」、「思考力」、「野外體驗」等項目為學習主軸。高濱正伸認為**讓孩子充分使用感官，能培養出有魅力、專注力強的孩子**。

高濱正伸是小學生奧林匹克競賽的出題委員之一，編有深受孩子喜愛的《解謎簿》等有趣的習題集。絞盡腦汁去思考謎題，也算是一種快樂的體驗，全家人聚在一起解答《解謎簿》是相當有樂趣的消遣。

高濱正伸說：「要學好數學，需要空間認知能力。我發現具備這種能力的孩子，都是能全心投入到『玩』中的孩子。在戶外，和朋友們在山上跑來跑去，很自然就具備空間認知能力。」

在野外露營、在溪谷、小河裏玩耍，當孩子置身於大自然中，他們的大腦會驚人地活躍。

寒暑假時，盡量帶孩子去海邊、山上、河邊。試着讓孩子參加一次野外露營，當孩子回來後，你會驚訝地發現他像是變成了另一個人般，成長了許多。

注 **高濱正伸**：以將兒童「養育成可以自食其力的大人」為教育信念，除了課室內獨創的授課方式之外，也嘗試夏季學校和雪國課室等創新教學法，獲得各方好評。

## 23 你經常和孩子交談嗎？

### 請增加親子談話的頻率，積極的交談是最好的智力訓練。

曾經有一次，我去一所小學採訪一位低年級的男孩和他的媽媽，男孩幾乎從頭到尾都沒說話，媽媽總是搶先替孩子回答問題。這樣做，孩子的大腦無法得到訓練，與他人的溝通能力沒辦法提升，相當可惜。

請耐心等待孩子開口。例如：詢問孩子「想喝什麼？」後，請先等孩子說出如「果汁」這個詞。當孩子說出了名詞，接下來訓練他用完整的語句回答。

「果汁怎麼了？」

「我想喝果汁。雖然我知道快吃晚餐了，但可以喝嗎？」

孩子若能這樣回答就非常優秀。知道把說話的狀況與媽媽的想法結合起來，充分表示孩子已具備相當強的溝通能力。

我們也可以問孩子：「今天在學校做了什麼呢？開心嗎？」訓練孩子講述當天發生的事情，鍛煉大腦。因為完成一段詳細的敍述，需要**結合專注力、判斷力、思考力和想像力，讓所有的腦力都高度運轉**。等待孩子回答或許令人煩躁，不過請一定要等孩子開口。

對於孩子講述的事，誇張地表示佩服，例如：「那麼難的事情你都做到啦」、「一聽你說我就明白了」等，積極地給予孩子肯定。即使孩子在用語或語法上有錯，也請別急於糾正，因為父母這樣做可能導致孩子討厭講述。

請父母每天準備一個積極的話題，有助於誘導孩子參與對話。

「媽媽今天發生了一件特別開心的事情。」

「今天爸爸的公司，有客戶來參觀……」

父母分享生活中發生的事情，孩子也會自然而然地接下去分享：「我今天……」

**人類的大腦在與人交談時，是最活躍的時候**。聳聳肩或縮緊全身，夾雜着肢體語言，純熟地運用豐富的詞彙，時褒時貶，有時油嘴滑舌，這就是人類獨有的社會行為。

# 24 邊散步邊聊天，放鬆有助於高效學習

即使是走到商店的數分鐘路程，也能鍛煉孩子的專注力。

當人類的大腦機能開始退化時，「傾聽」的能力就會減弱。

也就是說，當傾聽的機會減少時，會使大腦的機能減弱。其實，認真傾聽對方說的話，是一項較為複雜的大腦機能。

現在，人們越來越常從電腦、電視、報紙、雜誌或書籍中獲取訊息，甚至用手機收發郵件都不稀奇。不難發現，連電話都很少打，雙向的口頭語言交流已經明顯減少。

這種狀態對大腦來說，顯然不是一個好的環境。

因此，**我建議為了讓大腦集中運轉，日常可以嘗試和孩子一起走到商店，在短短的數分鐘的路程裏，和孩子進行愉快的交談**。

「這裏的茶花開了。」

「能聞見瑞香花的香味。」

「這隻狗是日本犬嗎？雖然個頭小，但看起來是不是挺威武的？」

在路上，你們盡可能把注意到的事情都說出來。

又如，問問孩子：「你比以前早出門上學，那麼早去學校，在做些什麼呢？」

這種邊走邊聊天的方式，也可以運用在課業複習上。你可以和孩子說：「考考你，你能說出從北到南的所有縣市名稱嗎？」或者說：「請背一次九九乘法表給我聽。」因為走到商店的時間很短，孩子通常也不會感到厭煩，**一邊走路一邊背誦，還可以提高記憶力**。

與孩子並肩散步，因為環境改變，氣氛自然也不一樣，在這種時候交談，彼此都會感覺輕鬆自在。

# 25 孩子主動做事，會得到更多成就感

## 別管是否對學習有幫助，孩子想做的事，就讓他放手去做。

大人總是希望孩子能做些有利於學習或其他有幫助的事，而孩子所熱衷的，往往是一些玩樂、趣味的事情。其實，放手讓孩子做自己喜歡的事又有什麼關係呢？

孩子的大腦還沒有發育到能長時間集中在一件事情上的階段。一般會不夠穩重、沒定性，一會兒做這件事，一會兒做那件事。其實不必擔心。不管是學習、運動，還是玩，孩子能專注的時間會漸漸變長，重要的是，讓孩子在每一個較短的時間裏，學會集中注意力。

讀過瑪麗亞・蒙特梭利的著作後，我曾感慨萬分地去蒙特梭利幼稚園進行採訪，發現那裏的孩子也是很快會對手中的遊戲感到厭煩，然後跑到外面去玩。幼兒能集中注意力的時間較短，哪怕是注意力集中時也會吵吵鬧鬧，這是很普遍的現象。

在美國茱莉亞音樂學院深造的鋼琴家中野翔太，為人非常穩重，像位潛心研究的科學工作者。很難令人相信，他曾是個老是給媽媽找麻煩、精力旺盛的小搗蛋鬼，常「一轉眼就跑到不見人影」。當翔太還是嬰兒時，就對音樂很感興趣，會用小拳頭敲打鍵盤。父母察覺到他對鋼琴的天賦和喜愛，於是五歲時送他去上正規的鋼琴課。

我第一次見到翔太，是在他十二歲那年。那時他已被稱為「天才兒童」，受到廣泛的關注。平時，每天放學後要練琴五小時，星期天則練八小時，可說是過着半職業性的單調生活。

幼兒時期的翔太，也對許多事物感到興趣，根本坐不定。他之所以能夠為了練琴捨棄其他事物，是因為**他的父母只是靜靜地等待他主動去練琴**，使孩子可以忘我地投入於練習之中。

孩子能憑藉自己的力量去完成一件事，當他運用這種能力時，就會感到愉悅，兒童心理學家將其稱為「功能的喜悅」。**主動地去做事會讓孩子感覺愉快，孩子也會更努力地去面對新挑戰**。在做事的過程中，孩子集中注意力的能力將會得到最大限度的提高。

# 26 給孩子獨處的時間，讓他自己去探索

## 自發性的行為，能使孩子的大腦高速運轉。

我認為一間能被稱為「好」的托兒所、幼稚園，標準不是在於是否具有漂亮的課室，或有沒有念故事書給孩子聽，更不是看是否開設英語課程。我所看重的是：抽屜外裝有小小的手指也能拉開的把手；上面有個洞，能讓小手指頭伸進去開的抽屜；課室的各個角落，連着許多秘密的小房間；柱子後面有一個可以藏身的空間……

在院子裏、儲物室的後面，能有一處僻靜的角落也很好。如果是寬敞的庭院，有孩子可以自由玩耍的小院子，孩子們還能在裏面冒險，就無可挑剔了。

在少子化的高齡社會中，大人的眼睛無時無刻跟着孩子。孩子總是有人教、有人指導，讓他們發揮自身主動性的機會極少，孩子們能感受類似於「我成功了」、「我自己做到了」這樣心情的機會於是被剝奪。

聯合國教科文組織（UNESCO）曾做過一項調查：將同樣是四歲的孩子分成兩組，一組讓他們憑着個人的興趣愛好去自由玩耍，另一組孩子則教他們讀寫計算。等這些孩子七歲後，調查兩組孩子的讀寫計算能力，結果居然是那組自由玩耍的孩子勝出！

**確實，與被迫學習的孩子相比，自己「想學」的孩子一旦覺悟，成績必然突飛猛進。**

因此，請放手讓孩子隨着自己的好奇心去探索。讓孩子在廣闊的公園裏自由地奔跑，找找不認識的路。這時候，孩子的大腦會高速運轉。請給孩子一些自由的獨處時間，讓他自己去發現更多。

在家裏，也可以讓孩子把玩鍋碗瓢盆，盡情地探索家中的「奧秘」。

**在孩子專注於「探索」的時候，父母只需要在旁邊靜靜守候。在這段珍貴的時間裏，大腦所得到的鍛煉是無法估計的。**

所以，如果想要培養孩子的專注力，就請給孩子一定的獨處時間。

# 27 早晨適度運動，有助於一天的學習

早起做些輕量的運動，能有效增強孩子的大腦機能。

運動對大腦有益。運動後，會讓大腦的神經元活躍，令人感覺神清氣爽。

美國一所公立高中的體育老師，率先帶領學生們在一天的課程開始前，展開「課前體育活動」，這項做法提高了孩子們的讀寫能力。後來證實，學生的數學運算能力增強，也提高了大學的升學率。

體育課的表現是孩子對自我的挑戰，或跑或跳，創造更高的個人紀錄。心跳快，就證明已盡自己的全力去展現。

此外，學校還導入「少人制運動」，如三人制籃球和四人制足球。這樣的運動形式，不僅使每個人都能動起來，也要頻頻動腦筋思考戰術。

因為運動對身體和大腦都有益，所以這所學校導入「先運動，後上課」的模式。同時積極進行團隊運動，讓學生既能挑戰自己的能力，創造新紀錄，又可以鍛煉頭腦。

**早上適度地運動，能使心情舒暢地投入一整天的學習或工作中。**

首先可從周末開始，請稍微早點起牀，和孩子一起到附近走走。吃過早餐後，再讓孩子做作業或解習題。當孩子完成功課時請務必加以稱讚。

如果能養成有效利用早晨的好習慣，對孩子是非常有幫助的。

專欄

## 只要把做錯的題目多做兩遍，能力就會提高

高濱正伸說：「考卷發回來後，一定要孩子將做錯的題目徹底弄懂。在家裏做完習題，算錯的題目再多做一遍或兩遍，以後就不會再犯相同的錯誤。」（參見第44則）

請媽媽們耐心地督促孩子「把做錯的題目再做一遍」。

有位大學教授，在他小學的時候，有一次考試成績九十五分。他洋洋得意地把考卷拿給媽媽看，以為會被稱讚，沒想到媽媽看了考卷，非常遺憾地說：「如果這裏沒寫錯，這將會是一張滿分的考卷。」於是，他下定決心再也不犯和那五分相同的錯誤，把那道做錯的題目重新練習了很多遍。

每個人都會犯錯，而從不犯相同的錯誤，就能看出這個人的努力和用心。

第4章

# 如何培養喜愛交友的孩子？

# 28 培養表達情感的能力，是交友的第一步

**無論「寂寞」還是「高興」，都鼓勵孩子充分表達自己的情感。**

我採訪過許多學校的師生，其中不乏以出色的教育方針而聞名的私立及公立中學，卻從未碰到一所不存在校園暴力或沒有發生過學生拒絕上學問題的學校。

校園暴力和學生拒絕上學的問題隨處可見，這確實是個嚴峻的教育問題。不過，請放心，即使是在塾底或名聲不佳的學校，這些現象都少之又少。

無論是校規嚴格還是校風自由的學校都一樣。「孩子只要有朋友就會來上學。危險的是那些不會交朋友、在班上孤獨一人，又不參加任何課外活動的孩子。」

**要把「懂得結交朋友」，作為陪伴孩子成長過程中最重要的項目。**

與朋友交往需要技巧。首先，**要能明確地表達自己的情感。**

這需要家長經常徵詢孩子的想法和決定，如詢問孩子「你的想法如何」或「你覺得該怎麼辦」。無法讓孩子如願的時候，父母要說明理由，並安慰孩子「下次再試試按照你的想法去做」。

透過這樣的親子交流，孩子可以學習有自己的想法，這是非常重要的。孩子的想法說出來就會容易被理解，而孩子也有需要調整自己意見的時候。

容易被父母忽略的，是「傾聽孩子的心聲」。

許多孩子沒注意到自己的情感，或對自己的情感感受表達不敏銳，這是因為他們沒有表達自己情感的習慣，不會使用表達情感的詞語。「傷心」、「難過」、「高興」、「愉快」、「孤獨的感覺」、「憂鬱」……當下的心情該用什麼樣的語言來表達，何時會產生這樣的心情，這都需要大人去教導孩子。

**如果孩子能準確地表達自己的心情，就能更明確地表達自己的主張。如果孩子說：「唉，××現在一定難受得想哭。」則表示他已經能將心比心，理解其他小朋友的心情。**

# 29 引導孩子結交各式各樣的朋友

鼓勵孩子和不同類型的孩子交往，
廣交朋友的能力，將是孩子巨大的財富。

《自閉症の子どもたちと考えてきたこと》（與自閉症孩子們的共同思考）一書的作者佐藤幹夫，長年與自閉症兒童接觸。在拜讀了佐藤幹夫的著作後，我才了解即使是患有重度自閉症、看起來對其他人絲毫不感興趣的孩子，也是需要朋友的。

佐藤幹夫曾經耐心接觸一位不會說話、只會做擺手動作和原地轉圈的孩子，一直細心地教他怎麼玩，並鼓勵他。有一天，那名孩子忽然拉着佐藤幹夫的手走向鞦韆，彷彿說：「我們一起盪鞦韆吧！」即使社交能力極弱，行為總是與眾不同的孩子，也會想和伙伴一起做些什麼。

佐藤幹夫在書中寫道：「自閉症孩子十分脆弱，但依然努力與他人交流，我們應該配合他們的交流方式，盡量接近他們，這點非常重要。」實在是真知灼見。

現今，發展障礙的問題頗受矚目，請別忘記：無論什麼樣的孩子，都需要朋友。

所以父母應該做的，不就是竭盡全力幫助孩子結交朋友嗎？可是，有些稍微與眾不同的孩子，往往不被一般孩子和他們的家長接受，而且這樣的事例正在增加。

**應該讓孩子多和各式各樣的朋友玩，家長本身也應該和各種人往來。**

與眾不同的孩子也好，難以接近的孩子也可，唯有和各種孩子交往後，才能提高孩子與他人的溝通能力。

**若孩子曾幫助、照顧別的孩子，他的社交技能會穩定提高。**廣交朋友的能力是孩子的巨大財富，這樣的孩子身邊總會有不少朋友，孩子本身也將充滿自信。

# 30 重視孩子感受、不做令孩子反感的事

父母遵守「己所不欲，勿施於人」的原則，不做令孩子蒙羞的事。

不對孩子做「自己遇到也會覺得反感的事」，這是父母要堅決遵守的原則。

毆打孩子、長篇大論地訓斥孩子、說些貶低孩子人格的話，這些行為舉止都只會讓孩子反感並受到傷害。更不能變成「刁難家長」，去挑剔學校的錯，也只會深深地傷害孩子。

孩子喜歡老師，就會在課業上好好學習。如果家長一味地批評老師，破壞孩子對老師的信賴，孩子也會一起厭惡學習。

對補習班老師的態度也一樣。同樣地，如果老師也信賴、尊敬家長，孩子的進步也會反映在課業上。切記，不能在孩子面前批評喜歡孩子、對孩子友愛的人。

父母應該多對孩子說：「大家都對你那麼好，你真幸福！」我們應該告訴孩子，身邊充滿和善友好的人，擁有良好的人際關係，是一件幸福的事。

這對孩子結交朋友，是很有幫助的。

因此，**當你要對孩子說些什麼，想教訓孩子之前，請先思考片刻**，問問自己：「若我這樣說了、做了，孩子會怎麼想？」

**如果孩子的感受得到重視，孩子對朋友的感受也會變得敏感。**

相反地，如果毫不猶豫地對孩子使用非常激進的言詞，或毆打孩子，孩子會變得難以相信他人，無法結交朋友，那將會很可悲。

正因為是一家人，才更應該要克制。

**所以，請不要做令孩子反感的事情。不在他人面前訓斥孩子、輕視孩子，或是貶低孩子。不做令孩子蒙羞的事情，也應該被父母視為做人的重要準則。**

## 31

# 敞開家門，隨時迎接小客人的到來

### 藉由觀察孩子和朋友的互動，可以客觀地了解孩子。

犯下秋葉原連續殺人事件的兇手，從小生長在一個不邀請朋友來玩的家庭裏。他家只有少數的朋友來訪，並且禁止女性進出。家裏也從不與親戚往來，孩子身處幾乎與外界隔絕的環境中，整天被逼着念書，內心非常孤獨。

確實，在升學考試階段，客人對家中成員來說不是必要的一部分。父母也不想花費多餘的體力來招呼親友，於是這個家庭漸漸地斷絕了與親友的往來。

此外，還有諸如客廳狹小、家裏雜亂等許多不便邀請朋友的客觀情況，但是只要克服些許困難，邀請朋友來家裏的意義其實非常重大。

**當孩子邀請了朋友，也會得到朋友的邀請。**

此外，透過觀察孩子和朋友一起玩的情況，可以客觀地了解自己的孩子。你可能會發現到孩子的另一面，如愛惡作劇、強悍固執或懦弱無助等。但正因為如此，邀請朋友來家裏玩才更有意義。

父母因此能明白自己孩子有哪些方面的不足，孩子在處理與朋友的關係上有什麼困難，進而能夠提供孩子適當的建議，幫助孩子解決難題，如：

「在那種情況下，你可以把玩具借給小朋友玩。」

「你現在還不會騎單車，下次我陪你一起練習吧。」

「你想要那張貼紙吧？」

即使孩子令你心煩氣躁，也要體諒孩子。這是對身為家長的你，進行育兒能力的鍛煉。如果你的社會適應能力提高，孩子的適應力也會相對地提高。

所以，讓我們動手把家裏好好打掃一下，哪怕只有家門口乾淨也沒關係，一起歡迎小客人的到來吧！

# 32 在孩子的人際互動關係幫上忙

## 穿相同的衣服、帶一樣的便當，這是交到朋友最簡單的方法。

日本戶塚幼稚園在保育兒童方面，進行了許多出色的嘗試：幼稚園裏的庭院是泥地，校舍是木造建築。朝氣蓬勃的十幾個孩子，在課室裏和樂、融洽地一起玩，實在叫人不禁懷疑自己的眼睛。

現在許多孩子不具備這種與其他孩子和睦相處的能力。其實，在玩耍中也有規矩，那就是想和別人一起玩的時候，教導孩子要說：「一起玩吧」，退出的時候要和伙伴們說：「我不玩了」。

戶塚幼稚園讓孩子明白什麼事情是不能做的、如何和朋友一起玩。孩子餵食小動物、替牠們打掃，孩子自己動手做他們必須做的事。為了讓孩子無所顧忌的玩耍，大人需要傳授許多東西，教他們怎麼玩會更開心。

在《自閉症を克服する》（克服自閉症）一書中，蒐集許多行為療法專家和自閉症兒童父母間往來的書信，我閱讀後深受啟發。

書中建議：**為了讓孩子交到朋友，應該讓孩子和其他小孩穿一樣的衣服（孩子會排斥衣着另類的小朋友），讓孩子和其他小孩帶一樣的便當，和朋友交換食物**（這在孩子們的交流中是不可或缺的），並教導孩子什麼話可以說、什麼話不該說，如何說話能引起朋友的共鳴、如何打招呼，以及應該記住同學的名字等。

有些父母可能認為「孩子要有個性」，所以不願意和別人穿一樣的衣服、帶一樣的便當，但如果孩子對「交朋友」這部分出現困難，請設法讓孩子儘快地融入團體裏。

當孩子因為與大家擁有許多相同的地方，而不再坐立不安之後，真實的個性自然就會顯露出來。

# 33 良好的自理能力，有助於孩子交友

## 幫忙做家務，能讓孩子學到自制力和忍耐。

「對於日本的孩子來說，痛苦的就只有念書。」

一語道破天機的，是以高升學率聞名的某知名天主教學校的一名神父。這所天主教學校在全世界設有許多分校，就連飽受着飢餓、貧困、戰爭的艱苦地區也有。

神父的話使我再次意識到日本是個富裕的國家，學生只因為緊張而繁重的升學考試就怨天尤人，實在是令人感到羞愧。

當今的日本家庭已完全電氣化，冷暖空調兼備，只需輕輕按下按鈕就全部解決。熟食、便當隨處可以買到，孩子在家裏什麼都不用做。於是，念書便在不知不覺中，成為培養孩子自制力的唯一途徑。

但是，現在大學推薦入學的人數已將近有一半之多，高中也有較多保送名額，再加上學生人數的減少，幾乎所有的孩子都能升上大學，入學考試變得輕而易舉。這樣一來，孩子究竟能在什麼地方學到自制和忍耐呢？

如果我們希望增強孩子的自制力，首先要讓孩子養成良好的習慣。

散漫、自私、丟三落四、不會打掃收拾、挑食、拖拖拉拉、自理能力差等缺點，或多或少在每個孩子身上會出現，如果某方面過於嚴重，到了小學高年級還無法改進，就會妨礙孩子交朋友。

父母應該注意，**如果在家中對孩子過於放任自由，縱容孩子為所欲為，就有可能導致孩子不懂交友之道，也無法適應社會。**

所以父母**可以讓孩子做一些能力所及的家事，能夠自理生活起居**。監督孩子每天完成約定好要做的事情，也是鍛煉孩子自制力的好方法之一。如果連自己的事情都不能自理，就更不可能照顧他人，也就難以與人建立良好的人際關係。

# 34

# 「禮貌」能讓孩子不再是外星人

## 透過幫忙家務，培養孩子具備自立、堅強、樂於助人的性格。

淨土宗西居院住持廣中邦充和尚不經意間說道：「這裏的孩子，大部分都是家長沒管教好的，實在可憐，他們不知道應該怎麼做。」廣中和尚保證，只要給他三天的時間，就能讓拒絕上學的孩子重返校園。

淨土宗西居院坐落於日本愛知縣的廣崎，寺院裏住着十幾個十來歲的孩子。兩個孩子住一間房，在這裏生活，每天從寺院去上學。

確實如廣中和尚所說，經過三天，孩子們開始去新學校上課。這裏的孩子大多背負着沉重的家庭問題，也許正因為如此，友情更容易在他們之間萌芽。

寺院裏只有兩條規矩：一是不把自己關在房間裏；二是和大家一起用餐。另外，要自己打掃環境、洗衣服。廣中和尚從孩子們的團體生活中發現，「他們不會打掃環境、洗衣服或做飯，不會照顧自己的飲食起居。」這是多麼可悲的事情啊！

禮節近來重新受到重視。我曾經聽過一位禮節老師說：「禮節是為了大家能夠愉快地生活而存在的。例如：為了讓之後的人能夠使用，物品用畢後放回原處，也是一種禮節。」

原來如此，訓練孩子打招呼、收拾東西的根本目的就在此。**不懂得禮節，等於無法掌握與他人愉快相處的秘訣。**

不是只要自己好就可以。路邊的單車倒了，幫忙扶起來；商店裏的商品掉落，幫忙撿起來歸位——如此樂於助人的人，一定能和朋友相處融洽。

35

# 讓孩子為家裏做點事，會更懂感恩

分配一些家務給孩子做，將使孩子更有責任感。

如果告訴你，孩子希望能幫忙做家務，你是否會感到驚訝？其實，身為家庭中的一員，孩子既想為家庭做些貢獻，又想幫助父母。

電視曾播出一對格鬥運動員夫婦的孩子進行「第一次看家」。一位小學一年級的男孩，居然能接聽父母吩咐工作的電話，並記錄下來，甚至還幫忙參加比賽的爸媽做飯糰。儘管飯粒掉得到處都是，飯糰加了兩大勺的鹽，吃起來應該非常鹹才對，但是父母還是極為感動，流着眼淚吃了下去。

調查指出，因為貧困、父母的疾病而體驗了種種艱辛的孩子，總有一天會自豪地向人講述自己支持家人、照顧兄弟姊妹的經歷，因為這些事對他後來的成長是大有益處的。也許，我們這些為人父母者，都應該適時地「依靠」孩子。

**幫忙做家務，對培養孩子的自制力和社交能力，大有益處。**我的建議是，與其說請孩子幫忙，不如以明確的姿態告訴他：身為家庭成員之一，他必須完成。**最起碼，讓孩子自己的事情自己做。此外，必須要求孩子為這個家承擔一定的責任。**例如：用餐時，幫忙把盛在大盤子裏的炒青菜或麻婆豆腐，分配到每個人的小盤中。

這樣一來，孩子首先得仔細考慮每個人分配量多寡的問題。因為是自己分配的，也會關心用餐情況。對於盤中有剩菜的人，孩子有可能會關心詢問：「你怎麼吃這麼少，肚子不舒服嗎？」日復一日，孩子將慢慢學會關心所有的家人。

有關這方面的內容，還可以參考辰巳渚注的《子どもを伸ばすお手伝い》（孩子的家事課）、坂本弘子的《台所育兒》（育兒廚房），在這兩本書中都有詳細的描述。

注 **辰巳渚：**專職作家，提倡「豐富又簡易的現代生活秩序」，經常舉辦家事與家庭教育方面的研習會，於二〇〇七年創辦「家事塾」，著有多本家庭親子教養書。

# 36 父母的交友態度，決定孩子的眼界

鼓勵孩子自由、廣泛地交友，享受於與他人的互動之中，孩子才能真正體驗交友的樂趣。

「真不明白，為什麼要和自己不喜歡的人往來，我只讓孩子跟我喜歡的家庭中的孩子玩耍。」

我曾在育兒講座中告訴媽媽們：「育兒過程是結交各種媽媽朋友的好機會。能交到媽媽朋友，育兒的過程就會更愉快，讓我們和更多的媽媽成為朋友吧。」沒想到聽到的卻是上述反應。發言的是一位身穿漂亮襯衫和裙子、看起來很強勢的媽媽。

這個社會裏有各式各樣的人，如果像那位媽媽這樣做，孩子結識朋友的機會就會不斷減少。

某兒童研究所在很久以前就曾經提出：「在年齡還小的孩子中，去朋友家住十分流行，這是一件非常好的事。以前，小時候我們常去表哥、表弟家住，親戚間的往來比較頻繁，但現在單身的親戚太多，生育年齡也相對分散，親戚家很少有同年齡的孩子，孩子們去別人家住的機會也大為減少。」

所以，不妨一個月一次，在星期五的晚上請鄰居的媽媽和孩子來家裏共進晚餐。如果是星期六，還可以把爸爸也請來一起喝點酒。星期日甚至可以一起吃午餐。

**父母豁達，孩子也會開朗。全家上下都熱情好客，既能感染自己的孩子，也能感染別人家的孩子。**這樣一來，交友圈子就會越來越大。家長們，請多結交些朋友吧。朋友對於你心靈的保養，絕對是不可缺少的。

專欄

## 從能力所及的事情，開始設定目標

設定目標、夢想雖然非常重要，但是不能一開始就設定難度太高的目標，如考試全班第一名、被選為運動員代表參加接力比賽，或是成為運動隊的主力等。

就連知名的棒球選手鈴木一朗，起初也只是將目標設定在每場比賽中擊出安打。一次又一次默默完成這個目標，最終才能令他創下了不起的紀錄。

這個方法具體運用在孩子身上，考慮可能做到的有：做完一本薄的習題本、每天不間斷做十則題目等。只有每天持續做自己能力所及的題目，實力才能增強。重點在於，踏實地做自己可以完成的事。

家長往往替孩子設立較高的目標。想想拒絕上學的孩子即使後來願意回到學校上課，父母也應該會容忍他不上體育課，或是只要上午去學校，甚至一周只先上兩天課的彈性。

試想，就算大人打算把家裏所有的開銷都記在賬本上，究竟又能持續多久呢？但是，如果擺放一個裝收據的盒子，空閒時拿來算一算，是不是就比較容易做到了解支出花費的目的呢？

大人都如此，更何況是孩子呢？所以我們應該讓孩子先把目標放低。這就是持之以恆的秘訣，掌握秘訣將能發揮巨大的作用。

第5章

# 如何培養有學習力的孩子？

# 37 每一次的嘗試，都是為成功做準備

無論孩子完成任何事，父母都要為他感到驕傲。孩子的自信就是從這裏開始培養的。

針對東京大學學生的調查中發現，幾乎所有的學生都表示「在課業學習方面從來沒被別人督促過」。我採訪東大學生，受訪對象也是稀鬆平常地做出同樣的回應。

他說：「我是獨生子，印象中沒有人催促過我去念書。」

但是，後來再次詢問他的母親時，媽媽卻笑着說：「說過呀。」她說，孩子考學校的時候，曾讓他在客廳念書，一抓到合適的機會就督促。對孩子來說，「學習本身」、「與朋友們互相競爭學習」這些事情都非常愉快，所以他對於念書十分自動自發，不記得曾經被督促過。

「孩子上幼稚園的時候，讓他玩日本紙牌，和朋友一起合奏樂器，也接受適度的智育學習。在家裏，客廳裏放着拼圖、積木、地球儀、兒童專用辭典和歷史漫畫書等。我也陪着孩子一起，無論什麼遊戲都積極愉快地參與。」

這位媽媽為孩子營造了一個能夠愉快學習的環境，而且在此同時，她更**重視孩子的幼兒時期，讓他在野外盡情的玩耍。**

「因為他是獨生子，所以我希望他能夠堅強一些。我開車帶着他一起去很遠的大海游泳、去森林裏遠足，我們走過很多地方。」

**不要怕失敗，多讓孩子嘗試，他就能做得到。父母應該發自內心地為孩子的成功感到喜悅，認真用力的稱讚孩子。**孩子受到讚美感到高興，多巴胺神經系統就會非常活躍，往後也會更加努力。既能得到讚美，又會更加努力，一個良性循環就此形成。一個新的良性循環是：孩子很聽話，學習時也能認真地聽老師的話，和同學相互競爭回答問題；回答正確就會有成就感，有了成就感還會再繼續回答其他問題。

聽起來好像是編出來的童話，但事實上，這相當符合大腦運作的規律。

# 38 教導朋友是深化記憶的最佳方法

把學習到的知識傳授給別人，自己就能吸收九成的內容。

有些孩子不怎麼需要花時間複習，卻能取得好成績。這是為什麼呢？

「不複習就掌握不了學習內容。老師再怎麼拚命教，學生也很容易忘記。」

這是一名東京大學的學生說的。人是很健忘的。因為會忘，所以在課堂上學過的內容，當天回家或第二天就要儘快複習，這樣就不容易忘記。否則，第二天就會忘掉一半，四天之後，記得的就只剩下四分之一了。

因此，在記憶消失以前再溫習一遍是極為重要的。

「教導別人」則是一個有趣而有效的複習方法。有弟弟妹妹的就教弟弟妹妹，沒有弟妹的就教給媽媽。教導朋友效果最好！**教別人是深化記憶的最佳方法。**

我相信，用心的家長能夠認真地對待從孩子那裏學到的東西，回應孩子「是這麼回事啊」、「我以前都不知道」之類的話，孩子聽了，自然會洋洋得意。

可以問問孩子，「今天在語文課學了些什麼？」或「你背九九乘法表裏3的算式給我聽聽看好嗎？」

**朗讀也是增強記憶的好辦法。**

許多語文學習不佳的孩子，其實都是因為沒有認真閱讀，漏掉了一些語句，才會無法理解內容。如果朗讀文字，就不容易疏忽，一字一句依序讀出來，也比較容易提升理解能力。

孩子做不出來的長篇閱讀理解，讓孩子慢慢地認真朗讀，同時提出一些思考的線索給孩子，如「這個主人翁真可憐。碰到這麼倒楣的事，他會怎麼想啊？」「你希望和故事裏的哪個人成為好朋友呢？為什麼？」有了這樣的引導，孩子閱讀時就容易提綱挈領、注意細節。

39

# 「閒聊」能啓發孩子的學習力

孩子透過閒聊過程中所產生的知識和語言能力，無可限量。

若想鍛煉孩子的記憶力，就請不斷地跟孩子多說話。

例如：邊看新聞邊為孩子解說，儘管有時簡單的說明，不足以讓孩子理解複雜的新聞事件，那也沒有關係，只要讓孩子初步了解，就會產生更強的好奇心，促使自己去調查研究，進而真正的理解。所以不用謙虛，帶孩子去參觀博物館、美術館，聽音樂會後或是去附近的神社散步時，盡量跟孩子聊聊參訪的心得或相關的由來、傳說。

許多人腦中的資料庫之所以如此豐富，是因為掌握了大量的知識，一有機會就能把相關的事情連結起來思考，因而產生「原來是這麼一回事啊」、「過去也有過類似這樣的事」、「這件事與那件事是有因果關係的」，而使腦中的知識脈絡更加清晰。

如果掌握的知識少，就難有素材可以連繫。記不住的原因就在於知識貧乏，不能建立事物間相互的關連。也就是說，只要了解知識之間的關係，再多知識也容易記憶。

這個觀點讓我茅塞頓開。

那些大家覺得「聰明的孩子」，他們對各種各樣的知識經常懷抱着好奇心，是興趣促使他們印象深刻，能記得清清楚楚。在知識層面上不斷累積知識，就能使知識覆蓋的廣度持續增加。

不少成績表現好的孩子，父母都很健談。家長和孩子聊各種話題，和小孩一起思考，幫助孩子找到屬於自己的答案。

家長應該多帶孩子外出走走看看，多和孩子天南地北的聊天，無形中就能教導孩子更多的知識。

# 40 做功課計時，有助提高學習效率

## 做習題時應規定時間，嚴格計時。

學習時，只有記憶力仍然不夠。在做習題、語文測驗或英文聽力的時候，集中在較短的時間內完成，每天持續的練習也會頗具成效。

原則如下：

**要求在短時間內完成。**

**集中精力，盡最大努力。**

**每天持續的練習。**

耗費很長時間，態度懶散是最沒效果的學習方式。如果每天都在上課前做短時間的計算練習，大腦進行了「準備運動」後，上課就能更容易理解老師講課的內容。

孩子漸漸增加自信後，自然會想把其他科目也學好。而且，**孩子在積極學習擅長科目的過程中，也會逐漸掌握學習的方法、竅門和要領。**

無論是學習、運動，只有做到每天勤奮努力地練習，才能不斷的進步。同樣是做一件事，自己想做而積極地完成，與一邊被念叨、訓斥，一邊不情願地應付被安排的任務，那進步的速度是完全不同的。

俗話說：「好者能精。」家長要做的是，先鼓勵孩子的興趣，然後讓他熟練，覺得自己擅長此事。

那些由於學不好而失去學習動力的孩子，很有可能是因為不知道正確的學習方法，不知道該怎麼開始學習。請家長耐心地教導孩子，例如：上課時認真的做筆記，以便複習時閱讀；事先為第二天的課堂做好預習；將講義資料按科目分類保存；習題做錯的地方務必確實訂正等。

掌握了正確有效的學習方法，就容易上軌道。每一個孩子都希望有好的學習成效，這一點請父母們一定要有信心。

# 43 每一次的挫折，都是成功的練習

不必刻意幫孩子避開失敗和挫折，
就讓這樣的歷程成為孩子成長的養分。

「儘管孩子已經很努力，但最後還是落榜，孩子很可憐，我們也很難過。孩子的父母含着眼淚對我說：『雖然孩子落榜了，但是孩子在課堂上學到的東西，與此次努力的經歷，對他的將來肯定有幫助。』我也覺得這個孩子沒有問題，一定能承受這次的考驗。」這是一名幼稚園升小學補習班的老師所說的一番話。升學考試真的很殘酷。

儘管孩子還小，卻得關上電視去念書；很想放縱的玩，但又必須去補習班上課。犧牲了玩耍的時間，卻沒有得到滿意的結果，家長和孩子勢必都會感到失落、難過。

但是，人生就是伴隨着失敗和挫折不斷向前的。**即使失敗，但只要有父母的支持，孩子就一定能重新振作起來。**

其他的考試也是一樣。如果家長急於求成，自己都不能承受落榜的打擊，當然就不可能全心全力的支持、鼓勵孩子了。重要的是，即便孩子年紀還小，也要尊重孩子的意向選擇志願，然後讓孩子明白，為了考取理想的學校該如何準備，讓孩子發自內心願意努力。家長也需要做好這段時間在家不看電視、共同陪伴孩子學習的心理準備。

孩子已經朝着目標努力，即使遇到挫敗，也要勇於接受現實，安慰孩子，他即將進入的，也是一所優秀的好學校。

**承認孩子的努力、奮鬥和成長是最重要的。**體育比賽、各種表演也是一樣。目標明確、制訂計劃，全力以赴，孩子所做的努力會成為他此後的人生動力。不必刻意幫孩子避開失敗和挫折，就讓這樣的歷程成為孩子「人生的食糧」。當然，這段時間對家長的智慧、力量和努力也是一種考驗。

孩子落榜了就灰心喪氣，孩子比賽輸一次就不願意再去觀賽，這是不稱職的父母！

## 44 搞懂題目比分數重要

### 只有讓孩子解答沒有完成的習題，才是紮實的學問。

「花丸學習會」負責人高濱正伸擁有東京大學的碩士學歷，他編寫了《解謎簿》等激發大腦思維的算術習題集，不過他的經歷十分特別。他有補習過三年、留級一年的經歷，等他拿到碩士學位時，已經三十多歲。畢業後，他創立了現在這間加強算數和作文能力的獨特補習班。

「知道我的經歷，有一些孩子可能就會感到放心，因為他們明白，即便繞了彎路也不用害怕。」

高濱先生身材魁梧、眼神慈祥，他從未停止過努力。為了找尋最適合自己的路，他從複習補考開始，經歷了很長的學生生涯。那段期間，他投身於音樂、電影和書籍，遊歷過許多國家。最後，他得出結論：「自己喜歡孩子。」為了讓孩子也能了解思考的樂趣，體會成功的喜悅，他站上了補習班的講台。

有的人認為一旦走了岔路就無法彌補，這是不對的，人生中的各種歷練都是難得的財富。以高濱正伸來說，在他複習補考的時候，數學曾是他的弱項。他討厭高中時的數學老師。而根據大腦的法則，討厭的老師所教授的科目肯定學不好。為了克服這件事，高濱先生採取了以下的辦法：「重新解答所有測驗和模擬考試中沒做對的題目，直到徹底理解為止。」把做錯的題目一一殲滅。這個看似不起眼的做法，卻使他的成績開始逐漸好轉。

「媽媽們很在意測驗的成績，但我希望能找出孩子沒做對的地方和原因，讓孩子把不懂的地方徹底學會。」我也在某家升學補習班聽過與高濱先生相同的觀點。高濱先生不但重視靈感和思考的樂趣，更深知腳踏實地一題一題地改正錯誤，每天反覆練習，對學習是非常重要的。

**反覆解答「沒做對的題目」能使學習更紮實**。如果一再犯同樣的錯誤，一定有其原因。可能是九九乘法表的哪一列沒背熟，或還沒理解分數的含意……確實找出做錯的原因，不讓它成為孩子的弱點。

而事實證明，一點一滴的累積絕對能穩固孩子的學習能力。

# 45 廚房也是學習的好課堂

## 在生活中教導孩子數和量的概念，處處皆課堂。

中學入學考試備受關注。

以為離考試還久呢，但時間轉瞬即逝，不少家長都因此累得筋疲力盡。就連爸爸們也開始加入備試大軍，卻經常出現熱衷過頭的例子。請父母們一定要特別留意別在準備考試的過程中，太「難為」孩子。

令人意外的是，就連升學補習班的老師也說：「孩子回到家，不可能一直複習。」提醒家長冷靜地思考，這些小學生正處於最想玩、最需要睡眠的成長階段，要求他們每天按照計劃毫無差錯地完成功課、主動複習，真是件不容易的事。

偶爾孩子也需要放鬆，比如帶孩子去逛逛超市，讓孩子了解什麼是「物流」，讓孩子認識「這種菜的產地在哪裏」。

又如，當孩子學到「公里」這個距離單位，可以建議「從家門口開始走一公里試試看」。以家當作起點，看看走一公里需要花多少時間，這樣通過親身體驗認識距離的概念，會讓孩子印象更深刻。

如果讓孩子在廚房幫忙，請孩子秤量液體或粉末狀的調味料，可學習如何看刻度。告訴孩子廚房裏調味料的名稱，甜的、酸的、鹹的等；讓孩子看看液體轉變成固體的過程，告訴他什麼是「氧化」；教他家裏的燈泡之所以會亮起來是什麼原理；和孩子一起觀察夜空，為他解說「天體運行」的規律。

**平常在家裏這樣學習的孩子，在課堂上的理解也會比較快；而沒有這種家庭習慣的孩子，理解力相對會比較弱。**只要平常多觀察這些身邊的學習機會，孩子的學習能力會大不相同。

局限在長時間的題海戰術，只是疲勞轟炸，讓大腦累壞，甚至停止運轉。

# 46 種下孩子心中文化涵養的種子

## 通過行動去體會，陪孩子去聽音樂、旅行、參觀博物館吧！

我去參觀了一所以小學五、六年級學生為招生對象的升學補習班，並且觀摩了其中一個成績名列前茅的班級課程。

令我讚歎的是，在這個班裏孩子的表現驚人。在地理課上，一個孩子能一口氣說出非常多的地名，這些地方都是他和家人曾一起去旅遊過的。我對於他連當地的飲食和氣候狀況都很了解的事情感到吃驚，原來他的父母在旅行前，都會先讓孩子看地圖，預知旅遊的路線，並為他講解當地的歷史。有的孩子能從媽媽為他做的鬆餅，聯想到化學變化；從自己煮了過鹹的味噌湯，思考到食鹽水的濃度問題。

**有知識背景，又能親自體驗的孩子是最厲害的。讓孩子和家人一起旅行，去聽音樂會，在野外盡情地玩耍，在廚房幫忙，觀看新聞時一起討論。**

在日常生活中，孩子時常懷着疑問「為什麼」、「怎麼辦」，通過行動去體會，與他人分享親身體驗，這樣的環境容易造就聰明的孩子。

實際上，這樣的孩子在面對考試時，也是占優勢的。某公立中學出的考題令人瞠目結舌。有一則題目是：根據一個實驗和數據，「請寫出為什麼會得到這樣的結果」。這是沒有標準答案的題目，需要考生自己經過思考、推斷為什麼得到這樣的結果，再整理成文章來作答。

那所公立學校的校長對我說：「考試結束後，孩子急於互相交換意見，氣氛十分熱烈！有這樣的反應讓我很滿意，使我確信這次考試的題目能讓孩子們深入思考。」孩子運用了自己掌握的所有知識，思考動腦解答題目的過程，必定非常興奮。

現在，大家普遍認為日本孩子的學習能力降低，且已成為一個社會問題。據說，全球學習能力排名第一的芬蘭孩子，平時都是練習這種沒有標準答案的題目。

請記住，**今後的孩子必須具備：思考能力、書寫能力、閱讀能力、創造力，以及解決問題的能力。**

# 47

# 讓孩子成為自己想成為的人

夢想能夠促使孩子更努力，形成克服挫折，達成目標的動力。

「將來我要做對社會大眾有益的工作。」

「我想要創造美好的環境，增加地球上的綠色。」

「我想當歌手，為大家帶來快樂。」

孩子們擁有各式各樣的夢想，別對孩子說「那不可能」、「別傻了」來扼殺他們的美好願望。那樣做，孩子將不再對父母敞開心扉。

「要實現你的夢想，我知道一個好辦法。」

「如果你這樣學習，對做那份工作很有幫助。」

**父母應該提供能幫助孩子實現夢想的「方法」，增加他們的積極性。**

這類積極、肯定的對話，能堅定孩子的決心。知道了具體可以怎麼做的方法，孩子就會開始行動。

在現實中，能夠從事自己從中學時代就憧憬的工作的人僅有百分之十。在採訪中我也發現，應屆大學畢業生中，能夠進入自己嚮往的公司、做自己想做的工作的人，更是極少數。甚至可以說，現今的工作都是偶然因素而決定的。

不過，有數據顯示，在童年時代就對未來工作很有想法的孩子，即使不能如願，他將來對人生的滿意度也會較高。

**為目標奮鬥過的孩子，即使不能從事他曾經憧憬的工作，也能夠在被分配到的工作崗位上盡職盡責。**

有夢想的孩子會一步一腳印地譜寫人生的樂章。

今晚何不就問問孩子：「長大以後，想做什麼工作？」

# 48 擁有一起努力的伙伴

參加團隊活動能夠鍛煉孩子，養成堅韌不拔的意志力。藉由互助合作、成就關懷彼此的能力。

無論是學習、運動、升學考試，還是事業，都存在必須通過的層層關卡。全球聞名的外科醫生林成之，在他的著作《勝負脳の鍛え方》（「競技頭腦」的鍛煉方法）中寫道：越是性格開朗的人，從疾病中恢復得越快，手術的成功率就越高。

林成之還寫道，人類都具有「自我保存」的本能，會覺得嬰兒可愛，喜歡老朋友，具有愛校、愛家鄉、愛國的精神。

因為是同一家人，所以能夠相互支持、彼此聲援；因為是伙伴，所以能夠相互競爭、不甘示弱。

一位出自有名且競爭激烈的補習班，後來升入知名的開成中學（東京最難考的私立男校），最後考入東京大學的青年曾開朗地對我說：「我當時就覺得班上的同學都是好伙伴。如果在小學生涯就視周圍的同學為敵，一心想着要贏過誰，把誰踹下去，那可不是良性競爭。」孩子們「與伙伴競爭」的心理非常寶貴，我們應該珍惜。

業餘棒球也好，幾個人湊在一起踢踢足球也可以。為了獲得勝利，孩子們一起討論戰術、磨練技術的過程，就是最好的體驗。有機會可以讓孩子多參加一些與同伴合作的團隊運動。

近年來，由於孩子數量減少，棒球、足球的小型聯賽都比較容易能報名參加，父母的負擔與以前相比也較為輕，何不讓孩子試試呢？**與伙伴們一起努力得到勝利的經驗，對孩子的學習也大有幫助。**

不過，也有孩子不擅長參加團隊活動，如果孩子不喜歡也不要強求，可以找找孩子感興趣且適合的其他活動。

專欄

## 每天累積點滴的努力，培養基礎體力

基本訓練在運動中十分重要。每天進行伸展與拉伸、慢跑，就容易進入真正的運動狀態。

學習也是如此，每天持續短時間的學習，逐漸地加強加深，就會強化孩子腦袋中的訊息處理能力，每天持續的習慣也能培養自制力，提高孩子向難題挑戰的積極性。

大家都知道，培養孩子的學習習慣非常重要，如果能夠一點一滴地持之以恆，孩子會在過程中有所領悟、收穫，慢慢形成有愛心、不輕易放棄的好品格。

孩子學習的時候，父母在一旁為了考取某種資格證書而一起努力學習，也會有很好的效果。舉例來說，當孩子為升中學考試而奮鬥的時候，媽媽可以試着取得會計或護士的執照，這樣的母子關係會異常親密。

第 6 章

# 如何培養喜歡上學的孩子？

# 49 給孩子選擇朋友的自由

與各種各樣的朋友交往，能使孩子的大腦活躍。

家長不要為孩子選擇朋友，盡量讓孩子與各種各樣的朋友一起玩。朋友多是大腦發達的證據。

「我要喝飲料，沒有的話就去買吧！」

「我只喜歡明太子口味的意大利麪。」

這是孩子的朋友來我家玩的時候所說的話，一直讓我不能忘記。我也曾苦惱過，想着：該讓自己的孩子跟說這種話的小朋友來往嗎？

如果想要提高孩子的成績或技能，讓孩子與水準相近的朋友一起玩，是比較具體的做法。

如果不跟學校或是住家附近的朋友玩，也不請朋友到家裏來玩，只跟在才藝班、補習班認識的朋友、家長交往，的確比較單純，也不用花費什麼心思。但是，長遠來看，這種有局限性的交友方式，並不能有效地訓練孩子的語言能力、溝通等生存所必需的種種能力。

**孩子需要在團體生活中成長，在這個過程中，彼此互相刺激、互相競爭、互相切磋。**有些家長為了讓孩子加入優秀的團體，結交優秀的伙伴而四處奔走，但這樣做就是在為孩子選擇朋友。

在這種經過家長選擇的、有局限性的，甚至是無菌狀態的成長環境中，不經歷任何微小的競爭，一路平安無事地長大的孩子，會變得毫無競爭力可言。

現代社會相當多元，家長應該把孩子培養成一個能與各種人交往的人。為孩子選擇朋友是沒有益處的。所以，無論什麼樣特質的孩子與我的孩子玩，我都會睜一隻眼閉一隻眼的接受。

## 50 如果孩子被欺凌……

**面對校園暴力問題該怎麼辦？如何理性思考，減少孩子被欺負的機率，也能讓整件事情變成一個教育孩子的好機會。**

我們無法預知校園暴力會在什麼時候、由於什麼樣的原因而發生，如果是嚴重摧殘孩子自尊心的校園暴力，父母可以選擇停課或轉校作為臨時的避難方法。

或許應該做好這樣的心理準備：**人生中的某些階段必定會遇到暴力事件。也就是說，我們必須學會如何應對。**

**最容易執行的辦法就是「結交別的朋友」**。被孤立的孩子容易成為校園暴力的欺凌對象。雖然家長最好不要介入，但是必須根據實際情況斟酌，每天陪孩子上學，也可以保護孩子不受欺負。孩子也會因為得到保護而有安全感。

儘管找欺負人的家長交涉，被認為是不好的解決方法，不過也有奏效的時候。

在一所升學補習班的課堂上，孩子們做了一則以「校園暴力」為主題的閱讀理解分享，孩子們紛紛發表意見：

「這樣的事，去年在班上發生過。」

「現在班裏有欺負同學的人，很過分！」

每個孩子都能聯想到一、兩件事，而且事態相當嚴重，由此可見校園暴力之橫行。

在孩子當中發生的現象是成人社會的反映。因此，罹患憂鬱症的人非常多，每年日本有超過三萬人自殺；而社會上，資方單方面終止僱員合約，對非正式員工的不平等對待現象普遍存在。而在孩子這個羣體中也不可能徹底消除暴力現象，其原因可能在於，我們都過於敵視其他人且防衛過度。

一旦被欺負，請父母與孩子一起動腦筋，想出制止校園暴力的對策。

我們誰也不希望在孩子的人生路上留下陰影。

# 51 沒有壞孩子，只有需要理解的孩子

**如果你的孩子會欺負人，**
**請把它看成是一個提醒家長檢討家庭氛圍的警告。**

家長總是擔心自己的孩子會被欺負，其實也應該考慮自己孩子欺負別人的可能性。

據說在托兒所、幼稚園的團體生活中，粗暴地攻擊小朋友、不聽話的「壞孩子」，往往在家裏卻很乖。家長不要一到學校就氣勢洶洶地反駁說，我家的孩子絕對不可能如何如何。請先冷靜地好好觀察一下你的孩子。

你的孩子會不會撒嬌、鬧脾氣、耍賴？

如果沒有，那可能是因為他做不到。在家裏不能充分地放鬆，在家長面前不能放心地撒嬌，累積在心中的鬱悶形成了反作用力，就有可能導致孩子在外面為了發洩情緒，出現反常的行為。

如果家長都很忙，沒有時間和孩子平心靜氣地交談，時間一久，應激反應（指心理壓力或緊張情況引起的情緒狀態）就會在孩子的心中累積。**如果發現孩子的表現與平時有些不同，請與孩子聊聊天，說說心裏話。與孩子面對面，把你的時間留給孩子，家務可以晚點再做。**並且告訴孩子，欺負別人是不對的，只要改正了，媽媽仍然會像以前一樣的喜歡你。

如果父母覺察到孩子在欺負別人，一定要告訴他欺負別人是不對的行為，還要讓他知道欺負人將來也可能會反過來被欺負，被欺負的孩子會反擊，所以，保護自己不受欺負的最好方法，就是關心別人並多交朋友。

**孩子的反常行為往往是對家長的警告。一旦發現自己的孩子欺負人，家長與其責備孩子，不如先檢討自己。**許多問題的根源，都在家長身上。

# 52 就算失敗，人生也不會毀了

**如果父母整天笑嘻嘻，孩子也會是個樂天派。**
**面對失敗，請堅定地告訴孩子：「一切都能解決的。」**

「失敗了也沒什麼，重新再來就是了。」

「這次沒成功？沒關係，這樣的情況經常會發生啊！」

對於孩子的失敗，父母為什麼不能寬容一些呢？

家長們，請回憶一下，你自己也必定經歷過許多失敗和挫折。失敗一次、兩次，甚至更多次，只要不是致命的大錯又有什麼關係呢，不是嗎？

當今的時代，是「造就」孩子的時代。大家都採取「少而精的育兒戰略」，只生一、兩個孩子，把金錢和時間都集中投入到孩子的教育上。以至於不允許失敗。所以，導致許多棘手問題的出現。

現今日本拒絕上學、高中輟學、大學輟學、留級的現象不斷增加。統計資料反映出一個十分殘酷的現狀：高中輟學、大學輟學後就職的平均年收入較低，輟學後一直待業的人也居多，非正式員工無法結婚……這些現象似乎再再指出，日本社會是一個不允許從頭再來的社會。

儘管現實中確實存在這些現象，但是，輟學後只要取得高中畢業資格，同樣可以參加高考。而且事實上，換工作的人也越來越多，慢慢地也可以換到更好、更喜歡的工作。同樣地，輟學後在工作的單位被轉換成正式員工的機會也是存在的。

人生是可以從頭再來的。

其實，有時候，隨着時間的流逝，問題自然迎刃而解。所以不用想得那麼嚴重，只管拿出樂觀的態度輕鬆面對。**只要家長堅定地認定「一切都能解決」，並營造出充滿歡樂、輕鬆的家庭氛圍，孩子也會相信「一切都能解決」的。**

對於孩子說的洩氣話不妨一笑置之，千萬不要火上加油，孩子開心就跟着哈哈大笑，孩子臉上浮現出不安時，就多關心、鼓勵他，告訴他：「不用那麼在意，會解決的。我們一起想辦法！」

# 53 沒有人是孤島，培養孩子求救的勇氣

唯有父母以身作則，走出自己的家門，
重拾對人的信任，就能得到温暖互助的力量。

我認為人是無法忍受孤立的。在採訪中，我確實地感受到，在遇到困難的時候，**如果你有勇氣向周圍的人發出求救的信號，擋在面前的障礙就自然而然能夠消除。能向周圍發出求救信號，就證明你對周圍的人懷抱信任。**

「如果家長能走出家門，孩子也會有所變化。」

專門診治拒絕上學的學生和雙失青年的精神科醫生磯部潮曾這麼說。

磯部潮也有過拒絕上學的經歷，然而他戰勝了對學校的排斥心理，走出低潮，選擇當醫生，幫助有着同樣困擾的孩子。

**為了讓孩子走出家門，首先家長就得多出去走走，為封閉的家中注入新鮮空氣，孩子自然也會有所改變。**

孩子之所以閉門不出，往往是因為家長過於擔心、保護孩子，自己也就很少外出。

除了出門上班，家長或許可以為了發展興趣愛好而外出、參加孩子同學們家長所組織的活動集會，或可以申請加入學校的家教會，總之，多交朋友多認識他人，自己先敞開心扉，孩子自然會因此脫胎換骨，發生改變。

當孩子看到父母與朋友商量、訴說煩惱，就會感到父母對他人的信任，自己的煩惱也就好像沒什麼大不了。隨後，孩子也會思考自己是否該走出去與朋友見見面。

希望孩子有求救的勇氣。可以重拾對他人的信任，就能帶給人生存下去的力量。

和孩子一起閉門不出是無法解決任何問題的。只要家長願意先改變，孩子也會隨之改變。請務必堅信這一點，並開始付諸行動吧！

# 54 愛他，所以尊重孩子的選擇

## 孩子不是實現父母想法的工具，「過高的目標」反而會使孩子容易放棄。

人累了，自然會想休息。假如孩子累了，父母也應該讓孩子好好在家裏休養一段時間，等到氣力恢復，再返回學校繼續努力。

雖然有些孩子拒絕上學，但最終大多數會再回到學校。學校對於孩子來說，終究是朋友聚集的重要場所。

一個花較少時間克服排斥上學心態的孩子這樣說：「爸媽的要求正好適合當時的我，我覺得自己可能可以做到，就試着試着去上學了。」

而另一位花了很長時間才克服的孩子則說：「爸媽的要求太高了，我一聽就覺得自己無法做到。」

前者的家長，改變了自己守舊的觀念，接受了那些向來被嗤之以鼻的工作和生活方式的存在（如當音樂人、當廚師等），慢慢向孩子的想法靠近。

後者則讓孩子轉學，又讓孩子接受診治，堅持要孩子「至少上個大學」，堅決拒絕不改變「孩子應該獲取高學歷、高收入」的想法，有意無意地把過高的目標勉強加諸在孩子身上。

為孩子定下「過高的目標」，反而會使孩子容易放棄。

孩子的成長是靠一點一滴、一步一步的累積，不應超出孩子的能力所及。無論何時，聽取孩子的意見，尊重孩子自己的決定，事情就會朝着好的方向發展。

# 55 借助他人的力量，讓愛更豐富

## 為孩子找一個關心、支持他的人，和一個令他感到心安、放心的地方吧！

韓國電影《愛・回家》是一部感人肺腑的電影。故事講述一名離開家鄉未婚生子的女性，由於身邊沒有可以依靠的人，為了工作上的需要，於是將兒子暫時寄養在鄉下的媽媽家。

娘家的房子在偏僻的山間，不僅破舊不堪，還會漏雨，更沒有自來水和電。住在這裏的只有一個人，就是孩子的外婆。

男孩和外婆的生活就此展開。對鄉村生活的不習慣，讓男孩的心裏充滿不安，使他的個性變得固執、任性、孤僻。外婆包容了男孩的一切，靜靜地守護在他的身旁。漸漸地，男孩接受了外婆的愛，也有了朋友，甚至也學會為外婆着想。耀眼的陽光、雨後掛在嫩葉上亮晶晶的水珠、泥濘的林間小道、破舊的公共汽車……

電影中有許多稍縱即逝，應該說我們早已遺忘的風景、村落、外婆和外孫間種種細膩的情感，卻難以用言語交流，讓人深深體會到祖孫之間真情的可貴。過了夏天，媽媽就從城市把男孩帶回去。

祖輩在漫長的人生旅程中培育出的強大力量，父母若是不懂善加利用，可說十分可惜。即使不是自己的父母也沒關係，才藝班或補習班的老師、鄰居、社區裏活躍的老人家……這些人的力量都可以借助。

有許多孩子儘管拒絕上學，但卻願意持續去補習班或才藝班。替孩子選擇才藝班時，最重要的是老師的人品。如果老師與孩子性格相合，又能欣賞孩子的品格，小孩就能從老師那裏獲得勇氣。關心孩子、願意教導孩子的人，自然是越多越好。

**叔叔、嬸嬸、才藝班或補習班的老師，他們既與學校無關，又不是父母，但這種從其他關係得到的愛護和關心，都能使孩子獲得更多與社會的銜接。**

在陪伴孩子成長的過程中，讓我們借助更多外在的力量吧！

# 56 喘口氣，給孩子一個釋放情緒的空間

## 孩子不滿的情緒，透過家庭撫慰，與大自然的治癒，就能恢復平靜。

透過採訪那些拒絕上學、閉門不出，或有發展障礙的孩子，我由衷了解他們「想去學校卻去不了」，其實十分痛苦。我小時候也不合羣，現在回想起來，當時我至少還有朋友，雖然不是非常親密，但還是得到了同學的支持和幫助。人都是需要同伴的。

痛苦的時候，暫時從學校、社會的環境撤退，保護自己，探求自己的生活方式——安排出這樣的時間，我認為完全合理。但是，在忙碌的社會中，逃避的時間或許會被拖得過長。

**身為家長，既要耐心等待，又要注意隨時準備讓孩子回到朋友羣中。**

父母請先檢視孩子的生活是不是太忙碌，他的日程安排是否過於緊湊。如果是，應該考慮減少才藝班或補習班的課程安排。

父母應該確保孩子在戶外遊玩的自由時間足夠。大自然的空氣、穿過樹林間的微風、溫暖的陽光都能撫慰孩子的心靈。我們應該讓孩子明白，**什麼都不做的留白時間也很重要**。

讓孩子陪伴比自己更小的其他孩子，也可以樹立孩子的自信。能為別人做一些力所能及的事，這樣的經驗對自信心不足的孩子來說非常重要。孩子在面對比自己小的孩子時通常不會緊張。人們大腦需要一張一弛，總是在緊張的狀態，很容易就會疲勞。

**讓孩子在家中完全地放鬆**。家長只要待在孩子身邊就好，什麼都不用說。如果孩子能放心、平靜地和家人在一起，去了學校就能逐漸恢復自然狀態。

一般會拒絕上學或閉門不出的孩子，身體的柔韌性都不是太好，思維方式也比較呆板。他們就像在做一則二選一的題目，不知該選擇哪個答案，總是進退兩難。建議家長和孩子一起做一些輕鬆的肢體運動，會對孩子有些幫助。

專欄

## 如果想讓孩子喜歡閱讀，請為孩子準備專用書架

「你已經看了這麼多書，真了不起！」

如果孩子有一個專用的書架，父母可以一邊看着書架上成排擺放的書籍，一邊讚美孩子。

孩子也會自己看着書，很有成就感地說：「我已經看了這麼多書啦！」進而激起他閱讀更多書的慾望。

讀過一遍的書會使人感覺親切，即使不再重複翻閱也可以擺到書架上。

父母在了解孩子對什麼樣的書籍內容感興趣之後，可以順藤摸瓜，一本本地繼續向孩子推薦，例如：同一位作者寫的書、同一類型的書，甚至是同一家出版社出的套書。

不妨在客廳的角落裏放置書架，再把字典、圖鑑也擺上，孩子做功課查資料的時候也會更加方便。

第 7 章

# 如何培養擅長運動的孩子？

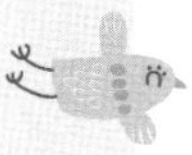

# 57 「運動」能讓孩子更棒！

## 能夠增強身體的柔軟度、改善整體機能的運動，最適合每個孩子。

經常聽家長說：「我家孩子不喜歡運動。」有的孩子擅長運動，有的不擅長。同樣的運動，有的孩子要學很長的時間，有的孩子掌握得很快。但是從遺傳學上來講，沒有天生不喜歡運動的孩子。

運動能使人身心舒暢。

在戶外玩耍，孩子對於跑跑跳跳、閃閃躲躲、重複各種各樣的動作、制定規則等，總是樂此不疲。在幼兒時期，與其讓孩子做某些特定的運動，不如就跑一跑、跳一跳、扔扔球、做做前滾翻、後滾翻、跳跳繩，自由地活動。而且，小時候不要局限於只學某幾種體育項目，能增強身體柔韌度的體操也不錯，能夠改善整體身體機能的運動是最適合孩子的。

不特地去學什麼運動也沒關係。孩子是玩的天才。空地、道路、小公園，孩子在什麼地方都能玩得津津有味。沒有人指導也不要緊，**重要的是替孩子找到一個能夠思考動腦、自由玩耍的場所，以及給予足夠的玩耍時間，並幫他找到玩伴。**

在孩子六至十歲期間，大腦的運動神經生長旺盛，被認為是提升孩子運動能力的最佳時期。舉例來說，大人學騎單車比較困難，但如果是孩子，平衡能力、技巧都掌握得很快，學起來不費力。童年時期不運動實在太可惜了。在這個時期讓孩子多多運動，就能獲得一生受益的「運動神經」。

在成年人中，被認為「特別有運動神經」者，往往童年的運動經驗比較豐富，成年後即使開始學習新的運動，也不費吹灰之力。同時，童年時代的眾多運動經驗也會增強孩子的體力，不僅對大腦有益，而且對孩子的將來也極為重要。

父母應適當地控制孩子玩3C遊戲（例如指電腦、手機和電子設備）的時間，對孩子說：「一起到外面玩玩吧」，把孩子「趕出門去」也是很重要的。想要達到這個目的，不妨多邀請幾個孩子的朋友到來家裏來玩，小朋友湊在一起，自然就會想出去玩的。

# 58 增強體力，為日後的學習打好基礎

**沒有體力，就無法保證有充足的精力去學習，增強體力要從日常做起。**

日本第一的物流公司總經理，也是東京大學畢業生，他曾說過這樣一番話，令我印象十分深刻。

「從我轉行做物流業以來，驚訝地發現，在這個行業工作的人體力還不如我在東大的體力。沒有體力，精力就不夠用。大家誤以為成績好的孩子沒有體力，但是我認為，有體力的孩子才可能集中精力，做任何事都才能持續到底。」

也就是說，**如果沒有體力，就無法保證有充足的精力去學習**。因此從小就應有意識地去增強體力，才能和學習形成相輔相成的良好關係。

這就是自古以來「文武雙全」一直備受推崇的原因吧！

著名的哲學家木田元注在自傳中提及，七十多歲時曾有疾患，但他仍每天做一百次掌上壓。所以才能在高齡的身心狀態下，寫出如此有魅力的哲學書。

木田元曾這樣寫道：「到了六十歲，沒有體力的人似乎就不想再繼續工作。」顯而易見，就算有再多的想法，沒有體力就什麼都做不了。現在的孩子站沒多久就蹲下，動不動就想搭車不想走路。其實，距離不太遠的地方多走一走，乘車的時候也站着，都不失在日常生活中鍛煉體力的好方法。

如果孩子要學英文、練書法、學珠算、彈鋼琴，參加如此多的才藝班，不妨考慮把其中一項換為運動項目。

家長也不妨和孩子一起慢跑，或到稍遠的公園散散步，到沒去過的地方走走，在平日裏無形中養成多運動的好習慣。

注　木田元：日本哲學家，畢業於東北大學文學部哲學專業。長年在中央大學任教，對於西歐哲學、尤其是海德格哲學有深入的研究，《朝日新聞》稱其為「海德格研究第一人」。

# 59 一堂讓孩子學習向着目標努力的課

運動能學習自律、練習團隊合作，
不論輸贏，孩子將從一次又一次的經驗中，習得人生智慧。

運動會上，孩子在眾人面前完成精彩的表演，勢必得到喝彩，這將為孩子留下美好的回憶。雖然有人認為，過於在意輸贏會帶給孩子不好的影響，但孩子會把失敗化為動力，因為不服輸而更加努力。家長可以試試讓運動會成為孩子愛上運動的好契機。

現在的孩子有着體力降低、運動量不足的隱憂。父母要刻意地製造運動的機會。運動會正是一個設定目標的好時機。我們可以和孩子一起，在規定的距離上設定一個目標時間。

如將孩子跑步的經過用攝影機拍下來、計時。然後，和孩子一起看影片，一起研究，有了進步就給予稱讚，這樣做更能使效果倍增。

而且，孩子和父母一起練習，肯定會進步得更快，也能加強孩子的自信心。

「爸爸可比不過你！運動會就這麼跑吧！」

**運動會同時也是一堂讓孩子學習向着目標努力的課**。為了更加出色，孩子會分外努力。孩子每天跑步、做體操、拚命練習，結果是：今天比昨天進步，現在比剛才更棒。

運動會也是一個讓班級、年級團結起來，投入競爭的場合。在運動會上，即使孩子不是接力賽的隊員，也會拚命地替隊友加油。放學後的團體練習也會使大家更團結。有的孩子是無名英雄，即使不是主角，也一定要為他打氣加油，肯定他為這個團體所付出的努力。

全班齊心協力使得運動會得以成功舉辦的經歷，將成為孩子的校園生活中一段閃亮的回憶，孩子會從中收穫許多。艱苦的時候和大家一起付出了努力，在孩子的大腦中會形成這樣的觀念：將來遇到困難也不能服輸。

# 60 課室外的學問：運動家的精神

運動能培養堅持到底的意志力、學習克服困難、擁有團隊精神，這些都是重要的運動家精神。

現在的環境，零歲的嬰兒游泳都分等級，三歲的孩子參加幼稚園升小學輔導班就排名次。小學一年級參加體育訓練營，如果分到體育班，可能就要接受強度很大的集訓。水準較高的足球隊也開始招收小學生。

像這樣，眼見自己孩子的周圍充滿了小天才，真正沉得住氣的家長能有幾個呢？不禁會想：自己的孩子就光打打球、玩玩水，這樣夠嗎？

也有很多家庭，意識到孩子的運動量不夠，把孩子送到體育訓練營。但是，孩子對於「被迫」的運動，往往覺得興趣缺缺。如果每次都練習到筋疲力盡，只剩下不愉快的記憶，反而會使孩子討厭運動。

不少孩子都是因為從小就被劃分為「體育好」或「體育差」，而變得對運動反感。若是孩子自己說想參加某種運動，努力之後也真的上手了，這才能使孩子信心倍增，擁有成就感。

讓孩子接觸團體運動也很重要。就算失敗，因為不甘心而落淚也沒關係，孩子會因此更加努力。作為團隊的一員，孩子會為了自己所屬的團體而想要提升能力、表現得更出色。透過和同伴間的合作、互相激勵，最後獲得勝利，**這樣的體驗可以培養孩子的社交技能**。

就讓孩子從小體會只要付出努力，就能獲得進步的成功感受吧！即使是捉迷藏或拍球這種小遊戲也沒關係。

只要活動身體，心情就會舒暢，精神就會愉快。哪怕孩子體會運動快感的時間不長，也是有益的。

# 61 多運動，腦袋越靈活

## 運動促進大腦思維，不僅有益健康，還有助於提高學習成績。

醫學博士約翰・瑞提（John Ratey）的著作《運動改造大腦》（Spark: The Revolutionary New Science of Exercise and the Brain），闡述了運動對大腦機能的積極影響，令人深受啟發。

書中引用大量的數據證明**增加體育課能使學習成績提高**，相反地，若是減少體育課，增加數學或理科課堂，也不會提升考試成績。

瑞提博士說：「許多教育工作者都會贊同這個結果。」

美國加州教育局在歷時五年的調查中發現，**健康的孩子學習成績好**。而且，在享有同等生活水準的孩子當中，健康的孩子明顯學習能力較強。

確實如此。**即使家庭的經濟狀況無法立即改善，但只要讓孩子多運動，注意孩子的健康，孩子就能取得好成績。**瑞提博士甚至提出：「運動可以切斷貧困的連鎖反應。」

這個觀點難道不令人歡欣鼓舞嗎？

所以，請務必讓孩子體驗運動的樂趣。孩子必定會更加投入學習當中。而且，家長也可以利用假日時間，和孩子一起投接球、打網球或游泳，藉以強健身體。

現在，戶外用品的種類越來越多，露營場地設施也相當齊全。家長可以放心的和孩子一起去遠足、登山、爬樹或去河邊玩水。

有的家長認為，運動可以等中學入學考試結束後再開始。然而，正是那些考試前幾天還在踢足球、打棒球，和參加所有學校活動的孩子，往往能在正式考試中充分發揮，而且考取學校之後也仍然有很大的進步空間。

可見，運動與健康、學習成績之間的關係不可輕忽。

# 62 運動是提高學習效果的有效途徑

**運動是天然的健腦丸，跑一跑，大腦清醒、思路靈活，增進學習效率、記憶力、集中注意力！**

「因為參加運動，所以成績好」，現在已經成為一種定論。

運動可以鍛煉肌肉，但為什麼能提高學習能力呢？這是因為大腦發出的指令是靠肌肉傳遞才能實踐。換言之，肌肉運動時會透過神經刺激大腦。

在電影中，經常看到主角在思考棘手問題時，會在房間裏走來走去，就是這個道理。一邊活動一邊背誦或閱讀，能使大腦更加活躍，效率更高。

有的人為了下午需要出席會議，上午會去健身房健身，就是因為運動能使大腦更加興奮，思維更靈活，更容易發揮出具有獨創性的方案。

當遇到難以決斷、理不清思路的時候，不妨嘗試去跑跑步，相信隨後將得到理想的答案。

**不要讓孩子一直坐在桌前磨蹭時間。當完成一部分的功課後，就讓他去做有一定強度的運動，學習效率反而會提升。**

「出去跑幾圈。」

「去和爸爸投投球。」

「我們去跳繩吧！媽媽也正好減肥。」

孩子學習累了、心不在焉的時候，讓他去跑步或投球，可能會有更好的學習效果。

## 63

# 「運動」讓孩子學會人生態度

透過完成運動的挑戰，磨練出孩子具有耐力、紀律、堅持到底和勇氣等正向人格特質。

在少年棒球聯盟的練習場上，一位少年咬緊牙關、含着眼淚，在教練的訓斥聲中追趕着球，可是球每次都繞過他的棒球手套，他總是接不着。

這位有多年執教經驗的教練說：「我事先會對孩子們的媽媽說，加入球隊後，剛開始時孩子會哭。不過，過了這一關後就不會再哭了。」他引導孩子把不服輸的懊惱，轉化為成長的動力。

雖然大家也都知道運動的好處，明白運動有益健康，但是看到孩子過於賣力時，往往容易改口對孩子說：「運動嘛，應付一下就好，最重要的還是念書。」

這樣的想法是錯誤的。在孩子的童年，同樣需要認真運動，獲得因為不甘心而努力嘗試的經驗。

為了隔天的棒球比賽，獨自反覆練習打擊動作，在正式比賽中卻沒發揮出實力；早上爸爸陪我跑步，比賽時我卻當了後備隊員……的經驗。

為了確實掌握技術，簡直拚了命，再睏也掙扎着早起練習——**這樣的奮鬥經驗，會成為孩子終其一生重要的精神食糧。**

而且，即使自己無法上場比賽，也會打從心底為隊友加油；即使自己沒辦法出力，也會為了團隊的勝利而感到歡喜。

這些經驗，不都是只有受過運動的考驗才能獲得的嗎？

# 64 過動兒的特效藥：運動

## 技能性運動能有效地刺激大腦、提高自制力，改善坐不住孩子的專注力。

無論芭蕾舞、花式滑冰、體操、武術等具有特色的運動，還是騎單車、攀岩、衝浪、滑板、跆拳道等包含着激烈、複雜動作的運動，都需要大腦承擔一定的負荷。研究顯示，這類型的運動適合精力旺盛、坐不住的孩子，能有效地幫助他們鍛煉專注力。

這個理論在克服專注力失調及過度活躍症（ADHD）的應用上，成效顯著。過動兒的注意力極其散漫，易衝動，非常情緒化、易怒。對於過動兒的大腦來說，開始着手去做一件事會相當困難。

但是，讓一部分過動兒每周練習兩次武術後，與沒運動的過動兒相比，他們的日常行為和學習成績都突飛猛進的提高。

如今幾乎可說是進入學習障礙的泡沫時代，日本有許多孩子被診斷為專注力失調及過度活躍症、輕度自閉症、高功能自閉症等。隨着法律的健全，有發展障礙的孩子能夠享有的福利雖然改善，但仍有許多父母束手無策。

我要告訴這些父母一個好消息：「運動療法」對於在發展障礙中所占比例最高的專注力失調及過度活躍症，十分見效。近來風靡日本的攀岩、瑜伽、芭蕾舞、體操、花式滑冰、空手道、彼拉提斯等技能型運動，都能有效地刺激大腦。此外，運動還可以提高自制力。

在開始必須集中注意力的學習前，先活動身體，就能帶動大腦的運轉。

試試讓無法控制自己的嚴重過動兒，學習適合他們的技能型運動。大多數病童的智商本來就很高，他們必定能學會如何應用。

另外，運動也對於憂鬱症、過激反應、缺乏安全感、依賴症等，都有很大的益處。

專欄

## 讓孩子完全投入，手腦並用，盡情玩拼圖、玩遊戲

如果覺得高興、有趣，人的大腦就會活躍起來。所以家長要積極地讓孩子從小玩拼圖、遊戲、撲克牌、日本花紙牌、猜謎、圍棋、象棋等。

如果孩子喜歡數字遊戲，他想做加法、減法、乘法、除法的練習，就放開手讓他去做。若能找到令孩子感到有趣的活動冊培養興趣，孩子會發揮出令人難以置信的能力。

孩子都喜歡講策略、決勝負的遊戲。在外面玩的時候，占領陣地、搭建秘密基地，或規則複雜的捉人、捉迷藏也都需要使用五感。商量作戰策略時更是需要專心一志。

電子遊戲也不能全盤否定。如果孩子喜歡玩歷史方面的遊戲，就能掌握大量的知識。摺紙、走迷宮、手工藝、編織、做小點心等，也都是既動手又動腦的遊戲。

讓孩子自己選擇遊戲項目，哪怕有點冒險，但只要孩子能夠玩得入迷，就能使大腦運轉起來。

# 第8章

# 如何培養懂得結交異性朋友的孩子？

65

# 教給孩子讓人幸福的能力

## 藉由家庭聚會，讓孩子學習帶給他人快樂、關心他人的訣竅。

「恭喜你！」

「謝謝！」

讓我們增加能說這樣祝福話語的機會吧！

孩子考試取得了好成績，在學校裏得了獎，生日、紀念日、聖誕節、元旦，加上各個季節的活動，我們就把氣氛烘托得更加開心，彼此祝福、互相道賀吧。

爸爸對媽媽，媽媽對爸爸；父母對孩子、對祖父母。

父母越能衷心祝賀別人、帶給別人更多的驚喜，孩子也就越能學習如何關心、體諒別人。

這樣，不僅是異性朋友之間的關係，在所有的交往中，孩子會希望讓別人心情愉快，從而和別人融洽相處。

**即使是有點令人畏懼的人，只要多說「謝謝」、「恭喜你」，可怕的程度就能減輕。**碰上尷尬的時候、氣氛緊張的時候，就多說說「祝福的話」來緩和氣氛吧！

孩子的生日會也別嫌麻煩，父母請盡可能地多邀請孩子的朋友們來慶祝，「七五三」注的祝賀儀式也邀請祖父母參加，大張旗鼓地舉辦吧！

結婚紀念日也一定要慶祝。父母融洽的關係，可以讓孩子了解與異性相處是件愉快的事。

注　**七五三**：日本為祝賀幼兒的成長，會於男孩三歲、五歲，女孩於三歲、七歲的十一月十五日時參拜氏神的儀式。

# 66 讓孩子在大自然中「放羊」

在玩耍中鍛煉五感的孩子，
長大後能成為深得朋友信賴、有着良好人際關係的人。

「小孩子以為媽媽就是自己。同樣，他們覺得和自己在一起的同伴，也和自己是一體的，所以當同伴哭的時候，就好像自己在哭一樣會擔心；同伴高興的時候，自己也會感到高興。」這段話，是一位開辦自助保育所的前輩媽媽告訴我的。

讓孩子們在大自然中玩耍，一起玩得髒成「污糟貓」也沒關係，這樣長大的孩子，將會有一顆會關心、體貼人的心。

這是與異性交往的第一步。

當今時代，情緒智商（EQ）比智商（IQ）更受重視。因為人們已經了解，人的智能有許多方面，而智商只是其中的一個面向。進入社會後，擁有團隊精神，能夠發揮領導能力的，都是情緒智商高的人。

在有關情緒智商的調查中發現，**十幾歲時有較為固定的異性朋友的孩子，長大後社會地位相對較高。事實上，十幾歲的孩子若想與異性建立一定的關係，需要相當的智慧、洞察力和溝通能力**。如果沒有和善、體貼、想像力，或舉止讓人反感，都很難與異性建立穩定而持續的關係。

讓孩子在大自然中自由自在地玩耍，就是一個培養情緒智商的好辦法。

讓孩子參加自助保育的媽媽們，只是最低限度地教育孩子如何分辨危險。儘管大多數的孩子還步履蹣跚，媽媽們就讓孩子自己背着背包，帶領孩子翻山越嶺，到小河裏玩耍，在草地上採葉子，抓螞蟻或草履蟲。沒有任何遊樂設施，只有大自然和小朋友。

想知道這些孩子有什麼樣的變化嗎？

走在前面的孩子，會等走得慢的孩子，有人哭了，會有人拿葉子給他擦眼淚，甚至幫忙其他孩子換衣服。在艱苦的自然環境中，孩子們學會了互相照顧。這些在玩耍中鍛煉了五感的孩子，相信長大後能成為深得朋友信賴、有着良好人際關係的人。

# 67 教孩子如何和異性相處

**孩子從小時候認識、認同男女之間個性上的差別，在成長的過程中可以互相取長補短。**

實際上，男孩子和女孩子的大腦差異極大。

男孩子什麼都想爭「第一」，女孩子則喜歡與好朋友和睦相處。

女孩子的語言能力比較強，具有溝通能力；男孩子則記憶力比較強，善於和小伙伴一起做些東西，且擁有較好的方向感。

如果孩子從小時候就認識、認同這些差別，在成長的過程中可以互相取長補短。

沒有異性兄弟姊妹的孩子，比較容易常和同性的朋友一起玩。父母可以刻意增加讓孩子和異性朋友一起玩耍的機會。

從還不懂男女之別的幼兒時期開始，就讓孩子和異性的朋友一起玩，這點很重要。在托兒所、幼稚園，男孩子和女孩子能一起玩，其實是非常寶貴的經驗。

也有許多傳統的男校和女校，這類學校的確可以根據男女的特質、特長而因材施教，但也有些令人擔憂的地方。

與異性隔離的孩子，長大後可能完全不了解異性。

為了培養孩子的社交能力，**積極地邀請異性朋友來家裏玩，如果孩子願意，還可以讓孩子加入兩性都能夠參加的才藝班、田徑隊**。踢足球的女孩子、學烹飪的男孩子，都大有人在。

# 68 體會「為他人做事」的喜悅

如果能經常想着「我能為別人做些什麼」，彼此誠意的付出，將會使人生變得更愉快。

**就讓「做令對方高興的事」，成為每一個家庭成員的習慣。**

「你今天關心了誰？」

「你做了什麼讓別人高興的事了嗎？」

「今天讓你最高興的事是什麼？」

可以用這些問題作為話題開端。父母做了「令別人高興的事」，也可以告訴孩子。這樣做，大家或許就可以發現，自己似乎確實只關心自己的事情。而如果時刻想着「應該為別人做些什麼」，你會感到人生變得更愉快，不信可以試試看。

我之所以這樣寫，是有感而發的。我曾採訪過一個特別的相親會，參加者是三十、四十歲的未婚男女的父母們，他們代替孩子來相親，如果找到自己滿意的對象，就回去介紹給孩子認識。

我看了那些父母帶來的孩子簡歷，男生有醫生、大公司職員、會計師、大學教授等；女性則有空中服務員、大公司職員、教師、公務員、自由職業者等。這些有着較高社會經驗和收入的男性，和有着穩定工作而獨立的女性，為什麼會找不到適合的結婚對象呢？看照片，每位容貌都是中等以上，家庭環境看起來也很好。

我完全理解那些父母對兒女的一片苦心，但是，我覺得要成功恐怕十分困難。因為他們過於謀求「對自己有利的人」，卻讓人感覺不到他們心懷為對方奉獻、希望建立溫暖家庭的願望。如果沒有「和這個人在一起很愉快」，或「想讓他快樂」之類的想法，恐怕很難下定決心和對方共度一生。

雖然我們的孩子距離婚姻大事還很遙遠，但父母也有必要思考該如何教育孩子，才能使孩子將來不愁找不到結婚的對象。

# 69 教孩子「和好」的技巧

## 吵架、和解會使感情更深厚，父母應該讓孩子學習這個過程。

幾乎所有的夫妻，在孩子出生後都會越來越容易發生爭執。我家也是如此。平日裏的不滿情緒，會因為誰該洗碗、誰哄孩子睡覺、衣服的摺法、收拾玩具等雞毛蒜皮的小事而迅速提升，繼而互相說對方的不是，周而復始。

需要反省的是，爭執的核心不明確、相互否定人格、指摘缺點都毫無意義，只會互相傷害，無法得出有實質意義的結果。吵架應該吵得有建設性才對。不過值得慶幸的是，根據美國心理學家的調查研究，在陪伴孩子成長的過程中，大吵過的夫妻，即使是徒勞而毫無結果的爭吵，往後，他們的感情也會因此更加深厚。

不吵架卻關係疏離的夫妻，他們的關係無法保持像平行線般恆定不變，他們的感情只會越來越淡漠。

之所以吵架，是因為在內心深處希望花時間為家人、孩子、伴侶做些什麼。和那些冷靜地保持距離，不願為對方花費時間的夫妻相比，吵架的夫妻對待彼此其實熱情得多。所以，就盡情地吵架吧。孩子出生後，很多需要討論的事情會一一浮現，如有關育兒方式的意見分歧、對於未來的規劃等。

但是請注意，關鍵是**要把「和好」的過程，示範給孩子看**。例如說些妥協讓步的話：

「昨天我說得太過分了，對不起。」

「我想了一下，你說的話也有道理。」

即使不能馬上解決爭執，也可以說：

「好，今天不吵架，全家一起去公園玩吧。」

「好吃的餐點做好了，吃飯吧！」

即使存在分歧，也要有控制消極情緒的能力。**孩子能從中學到，即使吵了架，只要用心也可以和好如初。**

# 70 為心情命名：陪孩子把情感說出來

為孩子的心情取名字，在情感得到理解的同時，孩子也會學習應該用什麼詞語來表達自己的情感。

「我有點不高興。」

「我想去媽媽那邊。」

其實孩子可能是感到有點寂寞，但是因為他不知道應該用什麼詞語來表達，所以不知道怎麼說。剛開始說話的幼兒，甚至是小學生，都有可能還無法正確掌握表達情感的詞語。

孩子哭了，就問他：「你很傷心吧」，為他的心情取名字，孩子就能理解，原來這種情感叫「傷心」。

哭，也有許多種類。

「祖母回家去了，真捨不得她呀。」

「小朋友霸占鞦韆不讓你玩，好委屈是不是？」

「傍晚總是有點害怕吧？不過天空變成暗紅色時，很漂亮呢！」

在這樣的交流中，幼兒在情感得到理解的同時，也會學習應該用什麼詞語來表達自己的情緒。

「玩泥巴真高興。」

「天氣晴朗了，心情也舒暢。」

「其實很寂寞是嗎？」

**使用的詞語越多，孩子的感情就越豐富，也更能理解別人細膩的情感**。父母每天十分忙碌，不知不覺間會催促孩子「快點！快點」，很容易說出批評孩子的話，所以有時候也需要慢下來，試着去理解孩子的心情，重視親子間的交流。

你會發現，當你關心孩子的時候，自己的心境也會變得平和。

## 71

# 對孩子說出心中的感受

父母可以試着告訴孩子自己內心的感受，比如對孩子說：「今天媽媽累了，很難過。」

「別鬧了！吵死了！安靜點！」與其這樣訓斥孩子，不如對孩子說：「媽媽今天已經累了。好多事情都不順利，覺得很難過。」

聽到這番話，孩子可能會過來緊緊地擁抱媽媽，也可能想替媽媽做家務，或幫媽媽按摩肩膀。據說有個男孩，聽了媽媽的話後，拿了啤酒給媽媽表示體恤。由此可見，這樣的話比對孩子大吼「安靜點」，來得有效得多。

「今天爸爸在公司犯了一個嚴重的錯誤，受到很大的打擊，心裏很難過。不過只要看到你，我就會重新打起精神、全力以赴。」

就算孩子年紀小，也能明白爸爸的艱難處境，他可能會去抱抱爸爸，也可能會感到煩惱。家庭成員共同經歷這些事情，同甘共苦，這對加深家人間的感情非常重要。

因為心情不好、生氣，而把自己關在房間裏，和孩子保持距離，有可能與孩子疏遠，甚至會讓孩子產生負面情緒。**有時候，家長請試着對孩子說出自己憤怒的情緒。孩子對父母的理解能力，其實遠遠超出父母的想像。**

同樣地，高興的時候也無須掩飾，可以歡歡喜喜地向孩子宣布。

「你幫媽媽打掃家裏，媽媽好高興。」

「今天你在公園裏逗小嬰兒玩，媽媽覺得你很有愛心，媽媽為你感到驕傲。」

「媽媽今天和朋友聊了好多，真開心哪！聊天的時候，你自己玩，沒來打擾我們，你好體貼，真乖。謝謝！」

把情感用語言表達出來，周圍的人一定能理解。正確地使用這些詞語，孩子也能學會如何表達，並與他人交流感情。

## 72 每一次的犯錯，都能讓孩子變得更好

不論年齡大小，在人前批評了孩子後，要給孩子找下台階。尤其在異性面前，切忌訓斥孩子。

當孩子對朋友、周圍的大人或父母大發脾氣，甚至攻擊別人、損壞東西時，有必要對孩子進行嚴厲的批評。

但是，如果不分青紅皂白就訓斥：「做那種事的孩子不是我的孩子。我不想再看見你！」如果父母因為孩子的行為感到羞愧，表現出不理睬孩子的態度，孩子從此就很難擺脫罪惡感和羞恥心的折磨。

孩子雖小，但也有罪惡感，同樣也會感到羞恥和困惑。**在人前訓斥了孩子後，一定要為他打圓場。**

「你做了那樣的事，媽媽很傷心。以後不可以再犯。在那種情況下，你應該先道歉。只要真心誠意的道歉改過，朋友也會原諒你的。」

美國的社會工作者對家長們發出警告：在這種情況下，重要的是要教孩子應該如何解決問題。如果沒有這樣減輕孩子丟臉的難堪，孩子會難以擺脫可憐的境地，無法處理消極的情緒。為了不再出醜，孩子會變得冷淡，成年後也不願與他人溝通感情，總是心懷憤怒。

這些我完全贊同。

自尊心強的父母，有時候會對孩子的所作所為感到憤怒、羞愧、無地自容，對孩子說「隨你的便！我不管你了」，**任憑孩子身處於消極的情緒中不予理睬，殊不知，此刻正是孩子需要父母伸出援手的時候。**

不管孩子年齡大小，也會在意自己在異性面前的形象，希望對方欣賞自己。

切忌在異性面前，訓斥孩子「吊兒郎當」、「沒責任感」，否則孩子將來在異性面前會變得非常緊張。

專欄

## 音樂鑑賞、樂器演奏有助於培養聰明的孩子

據說聆聽莫扎特的音樂，大腦受到刺激，思維會變得敏捷。或許是因為莫扎特的樂曲，其清澈的音色和優美的旋律能讓大腦感到舒適。

眾所周知，多數一直持續練習鋼琴、小提琴的孩子，學業成績大都不錯。要學會一門很難的技能，每日的練習必不可少。即使每天練習的量很少，循序漸進地約束自己練習，也是對自制力的訓練。

用耳朵聽，區分各式各樣的音色，對大腦也有幫助。而且，使用手臂、手指，和加上思考的過程，都能積極地刺激大腦。

關上電視，聽聽優美的音樂吧！

不妨讓孩子認真學習一種樂器。「認真地學」是關鍵。不認真，大腦就不會運轉。勉勉強強地在媽媽的嘮叨聲中不得不練習的態度，對大腦是沒有任何好處的。能認真地投入去做才最重要。幫孩子找到能讓他願意「認真」的事物吧！

第9章

# 如何培養有社會適應力的孩子？

## 73 放手讓孩子自己做決定

給予孩子學習做決定的機會，
培養孩子日後成為能為自己人生負責的人。

「粉色的鞋和淡藍色的鞋，上台表演時妳想穿哪雙？」
「點心是練完鋼琴再吃，還是現在就吃？」
「你可以看一小時電視，想看哪個節目呢？」

諸如此類，讓孩子從小就自己選擇。孩子的選擇有時候會出乎父母的意料，讓父母大吃一驚。**在這種情況下，請尊重孩子的選擇。而且讓孩子執行自己的決定。孩子會從一次次的體驗中學會對自己的選擇負責。**

即使孩子選擇錯了、後悔了，也試着讓孩子堅持做到底。家長可以提供自己的意見，但決定要由孩子本人來做。父母只需要在旁擔任「顧問」的角色即可。從小就憑自己的意志闖過來的孩子，將來在社會上也比較能經得起挫折，能夠堅持奮發向上。

一位就業輔導員的話在我心中響起：

「凡是自己決定的事，孩子都會努力。但是，不是自己決定的、被迫接受的事情，他們就會輕易拋棄。」

現今，有許多孩子從大學中途退學，讓父母辛辛苦苦攢的學費如流水東去。而且，重修的學生也多得讓人吃驚。

據報導，應屆畢業生中，有三分之一在進公司的三年後必定辭職。由此可見，太容易得來的東西總是得不到珍惜。求職的時候，在選擇哪家企業的問題上，若原本就是單純地聽從父母的決定而當作自己決定的人，通常會毫不猶豫地辭職。

# 74 球隊如小社會，讓孩子從中累積經驗

運動能讓孩子健康，身體健康的孩子通常抗逆能力和自信心也會比較強，並培養包括責任感、領導力、團隊精神等正面價值。

在令許多社會新鮮人陷入苦戰的求職經驗中，占絕對優勢的就是「有智慧的運動健將」，他們經常同時被數家企業錄取。

曾經有一段時間，運動健將很受就業市場歡迎，但是當他們暴露出只有體力不會思考，只能唯命是從卻派不上大用場的弱點時，人氣因而下降。

完全服從教練，默默地完成極為苛刻的訓練，即使在該項運動上取得了好成績，但在需要創造力、解決問題能力的公司裏，仍將面對許多挑戰。

然而，在升學成績好的高中、大學，學校並不提供任何條件，**只靠學生自己和伙伴一起拚命「思考動腦」制定戰術策略，並制定訓練內容，共同奮鬥**。一路上這樣走過來的孩子，對企業來說，就是優秀的人才。

用頭腦、拚體力打業餘棒球比賽；幾個人一起踢足球；與伙伴爭先恐後地拚命騎單車；與對手鬥智鬥力的網球比賽等，這些活動都很好。**父母應該鼓勵孩子累積和伙伴一起思考動腦、朝着目標努力奮鬥的經驗。**持之以恆，就能培養出有頭腦的體育小組成員。

當然，基本的體力是必需的。所以，父母應該鼓勵孩子多多鍛煉身體，舉例來說，有樓梯就不搭電梯，比較近的距離就以步代車等。

雖然孩子距離求職的階段還很遙遠，但這些基本素養，應該從小開始累積。

# 75 孩子越小經歷失敗，越早學會勇敢

## 考驗能使孩子更加成熟，父母應讓小孩從挫折中學習、體驗失敗。

你是否害怕孩子遭遇失敗、挫折？我也曾希望孩子在成長的路上能避免失敗，一帆風順地步入社會。但是現在，我認為父母應該做好心理準備共同承受孩子的挫折。

據說在求職的面試中，最常拋出的問題就是：「你經歷過什麼樣的挫折？從中學到了什麼？」當一個孩子遇到失敗、挫折時，如何調整心態去面對，採取什麼樣的行動去克服，將展現出這個孩子的性格。

與「××大賽冠軍」、「TOEIC多少分」、「××資格」、「留過學」等相比，**即使是一些小事，孩子能從失敗、挫折中學習的能力，才真正是求職公司所要求的。**

如果家長為了不讓孩子受挫，用心良苦為孩子遮風擋雨，孩子就得不到失敗的經驗。因此，即使預見孩子會受挫，會吃苦，也應該刻意地讓孩子去經歷。因為考驗能夠使孩子更加成熟。

「為了參加繪畫比賽，我特別努力地畫，可是跟以前一樣，沒有被選上。」

「我有努力學，可是成績卻退步了。」

「我沒當上正式隊員。」

孩子會面臨許多考驗。假如問題一發生，家長就去跟學校反映、退出才藝班或讓孩子轉學，將無法訓練孩子解決問題的能力。與其做一名蠻橫的家長，不如和孩子一起認真思考「怎麼辦才好」。

「你先去跟老師談談，怎麼樣？如果老師不能理解，爸爸媽媽再去學校，好嗎？」

「想要畫得好就得在家裏多練習。還是你想去才藝班學畫嗎？」

家長應該鼓勵孩子繼續努力，而不能把學校老師、才藝班的老師、朋友推到敵對的一方，光批評也解決不了問題。**就算碰到不合理的事情，也要想着如何轉換角度思考才能讓自己接受，這就是生存能力**。

哪怕經歷失敗、挫折，也能夠從中吸取經驗、繼續努力，就一定能夠生存下去。

# 76 教孩子如何打招呼

## 每個人都希望和有禮貌的人一起工作，所以對孩子的日常管教很重要。

在求職過程中，「能否與同事愉快地共事」，也是被檢視的一個面向。

所以在團體面試中，刻意壓倒其他人、獨自侃侃而談者，和不會跟大家寒暄的求職者，都會被淘汰。

神戶女學院大學的內田樹教授說過：「**工作靠的是合作。**」

也就是說，即使一個人只有八十分的實力，他把工作方法教給實力僅二十分的伙伴，帶動對方鼓足幹勁一起努力，將伙伴的力量提高到八十分，如此兩個人的力量加總就有一百六十分。而一個有一百分實力的人，孤軍奮戰，再努力、再能幹，也只能發揮出一百分的力量。

一般來說，工作積極性高的職場，員工的合作性會很高，對於員工個人能力的提升也較有成效。

你可曾注意教導孩子打招呼？

當你搭乘電車，站在車門附近，而車門打開，乘客上下車的時候，你會側身讓路給他們嗎？你會讓座給老年人、孕婦嗎？在餐廳，假使湯匙掉落地上，當侍應為你更換乾淨的湯匙時，你會說「謝謝」嗎？

家長往往因為孩子考試的分數、排名，時憂時喜，也因此對自己孩子比別家孩子做得好的地方非常敏感，而熱衷對孩子個人能力的培養，但在此過程中，**如果發現孩子變得「令人厭惡」、「為了獲勝而排擠他人」，就應該特別重視**。

如果想讓孩子成為善於與人溝通、細心周到、為他人着想的人，父母要不時加以引導，只有如此，才能讓孩子的行為變成習慣。當然，父母自己也一定要以身作則。

在社會上，有成就的人通常都是「温和、受人尊敬的人」，得不到伙伴支持的人在組織中是無法晉升的。

# 77 點燃孩子對於夢想的熱情

父母不妨和孩子一起聊聊夢想，在陪伴孩子不斷築夢的同時，親子關係也會更加親密。

現在職業的種類有數萬種。由於工作趨於職業化，想從事哪種職業，需要取得什麼樣的資格，為了取得這個資格需要哪方面的技能，要進入排名多少以上的高中，大學讀哪個科系好……諸如此類的話，父母其實不必特別對孩子說。

取而代之的是，父母應該多對孩子說說一想到那個令人嚮往的職業就覺得開心的事。例如：因為你很善良；因為你對星星感興趣；因為你喜歡小鳥、昆蟲；因為你有天分；因為你歌聲動聽；因為你喜歡高的地方；因為你的手很靈巧……我聽說有孩子因為想當棒球運動員，因此選擇了距離甲子園球場最近的學校作為目標，奮起直追。

父母可以盡可能的讓孩子描繪他的夢想，且不需要限制與未來的工作有關。

「將來想在哪裏生活？」

「地球上的環境不斷惡化，可以想想不消耗能源的辦法嗎？」

「你有沒有想過能為其他國家的孩子做些什麼？」

擁有遠大的理想，對孩子十分有益。不會做夢的孩子如何能在這個社會上積極地生存下去呢？

**請父母也試着對孩子描繪自己的人生夢想**。說說自己基於什麼考慮，於是從事了現在的職業；開始工作以後，有了哪些想法；當了媽媽以後雖然離開職場，但將來想試試做……

孩子肯定很想聽聽父母的生活態度和夢想。在這樣的談話中，父母也會回想起自己真正的想法，過去曾經執着過、現在卻已經遺忘的夢想。

## 78

# 打掃環境，讓孩子懂得感恩

### 保持舒適的空間很重要，懂得打掃是適應社會的第一步。

我曾經去東京杉並區的和田中學校採訪，該校校長是以非教育行業出身而聞名的藤原和博 注 。那次採訪令我最感驚訝的是，學校的清潔做得非常徹底。那所公立學校的校舍已經很破舊，但每個角落都打掃得乾乾淨淨。走廊的地面都用抹布擦過，閃閃發亮，玻璃窗也透明無瑕。

學校中央的小小院子裏種着樹，樹上結着果實。據說摘下來的果實都分給來校長室的學生。在校長室裏還設有漫畫圖書角落，學生可以自由地閱讀，非常開放。

「對孩子來說，清潔有序的空間非常重要。只有在這樣的空間裏學習，能力才會提高。」

學校牆壁上的塗鴉，在家教會和學生的通力合作下清洗乾淨，中間的庭院和校舍也在附近居民的協助和學生們的努力下清理乾淨。

「我們靠的不是延長上課時間、補習，或是增加課程的趣味性，而是把美麗清潔的校舍作為提高學生學習能力的後盾。」

孩子喜歡乾淨整齊的環境。腦科醫生也指出：**「頭腦思維混亂、學習效率不高時，恰恰是周圍環境雜亂無章的時候。」**

「擦地板」、「擦窗戶」、「整理自己的衣服」，可以試着讓孩子自己做這三件事。也讓孩子跟着一起收拾房間，而且從小開始。讓孩子明白，生活在整潔的空間裏，心情會很愉快。經過如此訓練的孩子，長大後在職場中能和別人更融洽地共事。

在裝飾着漂亮的繪畫或是照片的客廳裏，聆聽優美的音樂；在洗得一塵不染的牀單上睡覺；在喜愛的餐具裏盛上美味晚餐……。體會到生活在這樣環境中的舒適之後，孩子自然會有自覺地維護整潔、美好的居住空間。

注　**藤原和博**：東京大學經濟系畢業，日本知名教育改革家。二〇〇三年受邀擔任東京杉並區和田中學校校長，為日本第一位義務教育民間人士校長，任期中曾邀請日本各界知名人士擔任講師，包括詩人谷川俊太郎、諾貝爾物理獎得主小柴昌俊、小說家林真理子等。

# 79

# 鼓勵孩子參與學生職務

擔任學生職務的經驗，有助於學習處理人際關係、領導別人，讓孩子更能適應社會。

我在採訪學生的求職過程時，驚訝地發現，無論是幼稚園、小學還是中學階段，對孩子最重要的都是同儕朋友。

在求職過程中，「朋友多」、「大學成績好」會非常有利。朋友多的孩子容易找到工作。朋友多，意味着可以交流訊息、互相鼓勵的伙伴比較多。從大三的秋天開始，到大四的春天達到最高潮，走完這段漫長的求職過程需要許多朋友的支持。

「大家也都落榜了，看來面試很難通過。」了解到這樣的情況，也可以轉換思維，考慮其他的選擇。最糟糕的是以為只有自己一直沒有面試機會，躲起來閉門不出。

一直以來，求職錄用的標準與成績無關。但是從結論上來看，「成績好的孩子」求職的優勢在於求才公司認為，他們因為較能適應大學這個生活環境，勤奮學習，所以得到「成績好」的結果。據一位人力資源管理者說，不管從哪所大學畢業，成績名列前茅，並能發揮領導作用的學生，都是企業「想錄用的人才」。

我恍然大悟，明白我們應該培養什麼樣的孩子。

**無論在任何情況下，只要有讓孩子擔任學生職務的機會，都應該要積極地鼓勵孩子去做。處理人際關係、領導別人的經驗，在孩子步入社會以後都會為孩子帶來正面的影響。**如果孩子告訴父母他照顧了別人，也一定要稱讚他。

另外，日本的求職過程也不斷發生變化，如任何人都可以參加面試；履歷上不寫學校名稱；禁止男女不平等；不允許詢問父母的職業。由此可見，求職時，從小至今的學校背景已不再重要，所有面試者都平等地站在同一起跑線上。

這或許是因為企業意識到，選擇人才時不應該把畢業院校列入過重的比例考量吧！

# 80

# 父母是孩子成長路上最好的伙伴

## 有父母做後盾的孩子，勇於面對人生的挑戰。

我曾在某所大學的求職輔導課上，聽到這樣一句話：

「有父母支持的學生必定具有優勢。」

「啊?!這孩子得管到什麼時候啊？」

有的家長可能會感到驚訝。但是，事實如此。家長無論在什麼時候都應該是接納孩子的「安全基地」。

**即使孩子已經成為大學生，還是需要能一起思考問題的父母**。父母可以力所能及地提供孩子所有自己了解的信息，給孩子建議、關心孩子的健康，但是，還是應該讓孩子自己做決定，尊重孩子的意願。

有這樣的父母，孩子就能夠肯定自我。

我曾在某企業刊物看到過一篇文章，寫的是父母曾經如何在身旁鼓勵自己，其中有一句「父親在面試那天幫我擦了鞋，他用行動告訴我，步入社會後，即使是鞋子這樣的小地方，也會被人審視。」還有一位父親對多次面試失敗的孩子說：「該教導你的都教了，沒問題的。」

對於大學生來說，父母的存在如此重要，那小孩子就更需要一個能充分舒展疲憊翅膀、恢復幹勁和體力的安全基地。就讓孩子跟父母好好的撒嬌後再整裝出發吧！

當孩子和同學吵了架、在學校受到傷害、累了、難過的時候，父母應該溫柔地傾聽孩子訴說，守候在孩子身旁。當孩子試圖解決問題的時候，即使有人對待孩子不公平，父母也不用急着出面干涉，只要平靜地守護在孩子身邊就足夠。

孩子會解決問題的。**有父母在身邊，孩子就會有足夠的安全感。小時候自己解決問題的孩子，長大也能夠勇敢地面對人生路上的重重困難。**

專欄

## 無論是課外活動還是文化祭，持續參與的孩子表現突出

多年來，在甄試學生進入東京大學方面的成績，一直名列前茅的一所高中十分鼓勵學生參加各種課外活動。因為課外活動既能培養運動能力，與伙伴一起齊心協力共同奮鬥的過程，又能成為很好的體驗。當然，並不僅限於體育類。

這一點，在公立高中也是一樣。課外活動、學生會活動、運動會、文化祭（注）等，由學生的自主性而展開的課外活動，更能展現出學生們非凡的向心力和活力。

一所在私立中學中排名前三位的學校表示，「不少課外活動和文化祭都持續參加到高二的學生，最後在升學考試上都有好成績。」

一所女校的老師說：「學生會裏，還有高三的學生活躍着。」

課外活動、運動會、文化祭，能使學生完全釋放他們的能量，符合青春期的生理特點。

在活動中充分擔任領導者的孩子，不用說高考，就算是步入社會後也能夠完全適應。有好成績當然是好事，但不僅是學習，在各方面都能均衡發展的人才，才是當今社會所需要的。

---

注 **文化祭：日本的學校活動，展示學生的日常活動、藝術等成就，類似學校開放日。**

第10章

# 如何培養與父母友好相處的孩子？

# 81 親子關係也有規則

維持良好親子關係的關鍵，父母請不斷提醒自己看到孩子的好，接受、肯定自己的孩子。

為了使孩子能夠充滿自信的生活，父母必須告訴孩子我們愛他。和孩子說話前，不妨考慮一下，對孩子「如果這麼說，他會怎麼理解」。

父母說的無論是好的或壞的話語，孩子都會記住。假如記住的都是聽了令人不愉快的話語，這個孩子是很不幸的，對於父母來說，也是可悲的。

你會做令孩子反感的事情嗎？是否會提供孩子必要的建議，耐心地教導各種規則和禮儀？我們可以回顧一下，問問自己：對於自己說出的話語，孩子有沒有流露過反感、不耐煩的表情，是否哭過、有沒有生過氣？

父母和孩子之間也需要規則。

如果孩子因為被父母貶低、斥責，發現父母因為自己而感到羞愧，或父母對自己冷淡、毫不在乎，一定會感到孤苦無助。反觀，被父母包容、受到讚揚，父母會對他說「謝謝」的孩子，則會充滿自信地面對生活。

隨着社會的高齡化，父母與孩子互動的關係變得更長。不妨想像一下，自己八十歲的時候，孩子五十、六十歲會是怎樣的情景。該如何維護這個需要持續半世紀以上的關係呢？

**千萬不要以為父母與孩子之間不必客氣。其實不然，為了維持長久的良好關係，彼此應該更加留意。**

家庭親子關係融洽，就說明父母不會把孩子不願做的事強加在孩子身上，而是接受、肯定孩子。這是非常好的現象。不管孩子長到多大，父母依舊是父母。

關於對待孩子的方式，夫妻之間能展開討論是好事。在此基礎上，和孩子一起度過更多的愉快時光吧！

# 82 家長愛讀書是對孩子最好的教育

「能幹的孩子」必有「能幹的父母」。父母是孩子最好的榜樣。

芬蘭孩子的學習能力在世界上首屈一指。芬蘭的家長們到底是如何教育孩子的呢？為此，我採訪一位嫁給芬蘭人、在芬蘭生活、育有兩個孩子的日本籍媽媽。令人驚訝的是，他們不在教育上花一毛錢。

芬蘭沒有補習班，在學校裏就可以補習，學校會特地請教師負責孩子的母語學習（她的孩子可以學習日語）。在圖書館，借書沒有冊數限制，並設有電腦、錄放影機、咖啡廳，可以讓一家人在圖書館裏待一整天。

芬蘭因為冬天長，人們經常讀書。念書給孩子聽，這是爸爸的任務。

**我覺得，「全家人都喜愛書」這件事，對提升學習能力也有益處。還有一點，也有很多父母，為了取得證書資格而持續學習。孩子們是看着努力學習的父母長大的。**

在日本，花在每個孩子身上的教育費，即使在經濟不景氣時也有增無減。父母在教育孩子方面，都不惜花費時間和金錢。

其實，如果有心想提高孩子的學習能力和智力，只要家長一起坐下來努力學習或讀書，讓孩子看到家長專心一志的模樣，自然能引導孩子，事半功倍。

在為幼小的孩子花費龐大的教育費用之前，父母請先投資在自己的教育上，這麼做對孩子也會有正面影響。

# 83 愛的言語，成就孩子的一生

## 父母說的一句良言，將成為孩子一生的財富。

在《幸田文のしつけ帳》（幸田文的教育賬）中，父親幸田露伴在關鍵的時候能夠肯定孩子的長處，儘管他平日嚴厲、古怪，卻還是受到孩子的寬容和尊敬，讀後令我十分感動，這使我思考明治文豪幸田露伴和女兒幸田文的關係。當孩子在外面受到委屈，如果是我，能否同樣平心靜氣地撫慰孩子呢？我心裏並不確定。

當幸田文回家說被嘲笑「頭髮少」的時候，幸田露伴說：「妳的頭髮少，而且髮質不好，不過輕盈的細髮只要用齒密的梳子梳，就能梳得很好看。」

他教育孩子，如何把自己的缺點變成優點。

幸田文怨嘆自己「長得醜」，幸田露伴鼓勵女兒：「人們更喜歡雖然不漂亮但朝氣蓬勃的孩子，而不是沒有生氣的漂亮臉蛋。你的額頭白白淨淨，臉蛋紅撲撲的，皮膚也很健康。」從此以後，幸田文從自己潔白的額頭找到了自信。

幸田文自幼喪母，和繼母的關係不好，幸田露伴在嚴格管教女兒的同時，也肯定她的優點。幸田文說：自己「嘴大」，幸田露伴說：「那就笑不露齒。」

幸田文說：「討厭自己又粗又短的手指」，幸田露伴說：「這樣的手才有力。你試着抓住一樣東西，一定比纖細的手要抓得緊。」接着又補充：「用鳳仙花將指甲染色，手指就漂亮了。」

幸田文說：自己「五音不全」，幸田露伴說：「節奏也是音樂。」

幸田文說：「討厭自己長太高」，幸田露伴說：「不掩飾自己的高大體格，就不會膽怯。」幸田文以自己「不聰明」為恥，幸田露伴就說：「只要安靜地使用機械，就會意外地發現原來它運轉得很好。大腦是一部天然的機械，你的大腦和其他人的大腦一樣運轉良好。」

幸田文寫道，爸爸這麼說讓她感到非常高興。

**幸田文說：「家庭可以教導孩子彌補做得不完美的部分，克服自己的弱點，這樣的教誨將成為孩子心靈的支柱。」**

# 84 陪伴是父母送給孩子最美好的禮物

與其在孩子身上投資金錢，倒不如投入更多的時間，留下更多與孩子間溫馨的回憶。

「帶孩子的保存期限是十年。」

孩子一轉眼就會長大，離開家獨自闖蕩。讓我們珍惜轉瞬即逝的時光吧！

和家人在一起也是需要一點巧思的，例如：全家人圍着一張餐桌，吃一頓可口的飯菜；或想一些能夠讓大家歡笑的話題。把家人都召集過來團聚；玩遊戲也是不錯的選擇，這樣的記憶會讓孩子銘記許久。

這段共同度過的快樂時光，將來還可能成為孩子度過徬徨青春期難關的能量。

想要度過快樂的時光，首先需要父母有餘裕的時間。有時候，需要爸爸拋開工作、媽媽停下手邊的家事，真心和孩子相處。

有的家長替孩子報讀許多才藝班，讓孩子接受早期教育，把孩子生活安排得很忙碌，恐怕都沒有空閒好好地看看孩子或和孩子說話。

我深知，如今的職業婦女真是工作纏身，難得有空閒時間，但也要設法爭取一些空閒時間。**稍微減少一點工作，即使收入因此減少也無妨。相信與孩子共度的時間和記憶，將會成為孩子一生的精神食糧。**

在孩子身上，與其投資金錢，不如投入更多的時間。體貼、鼓勵的話語以及被疼愛的記憶，都會成為孩子在日後人生中奮鬥的力量泉源。

# 85 孩子教給家長的……

## 家長在照顧孩子的過程中有進步，對孩子也會有正面積極的影響。

在家帶孩子的時候，時光飛快地流逝，總擔心自己會被社會淘汰。

很多媽媽都會經歷這樣的時期。自己照顧孩子的時候，朋友們都在努力工作，生活環境也產生了巨大變化，而自己，所有的能量都被照顧孩子所耗費，明顯與社會脫節。但是，現在回憶起來，我反而覺得從孩子那裏得到的更多。

從孩子那裏，我得到了愛和絕對的信賴。

那時，孩子對連自己都不能信任的我，付出了所有的愛與信賴，是孩子幫助我走出那段憂鬱的日子。

孩子那圓圓的眼睛，彷彿在對我說：「有媽媽在就不怕。」

孩子讓我第一次了解什麼是幸福，一個人就這樣在孩子的鼓勵下，在充滿艱辛的世界上生存下去。

認為照顧孩子痛苦，是因為沒有意識到在照顧孩子的過程中，自己也因此成長。所以，我建議列出自己在照顧孩子的過程中的「成長的收穫」——做家務的能力；安排、處理事務的管理能力；與難纏的媽媽朋友來往，或克服與公婆交流的難關，而得到鍛煉的溝通能力；不因為一點小事就灰心喪志的氣度和體力；隨機應變的能力。

我認識一位超級媽媽，她組織了一個非牟利團體，為所在區域的孩子們服務。記得她曾無意間說過這樣的一句話：「如果沒有孩子，不知道自己會成為一個多讓人討厭的人。」我深有同感。

**在那些似乎一切都在漸漸耗盡的日子裏，事實上，你的每一天都是在重生，是孩子令你成長。**

不要忘記感謝孩子帶給你的成長。在我們的周圍，利用陪孩子成長的過程中累積的經驗，活躍在人生的第二個舞台上的人，大有人在。

# 86 當孩子的頭號支持者

## 父母請當孩子的支持者，讚美他、鼓勵他，向他投注熱情的視線吧！

「這咖啡是我兒子從巴黎買回來給我的，第一次喝到這麼好喝的黑咖啡。」

朋友陶醉在美味的咖啡中，聲音裏都充滿了笑意。

那是他引以為傲的兒子。

不管孩子幾歲了，始終疼愛孩子、始終當孩子支持者的父母不在少數。

**父母以孩子為傲、疼愛孩子，孩子就會更努力，因而形成良性循環。**

**看到孩子的努力，父母也受到鼓舞，會越來越覺得孩子可愛。**

一個孩子在運動中嶄露頭角，家長也是孩子的支持者，孩子見父母為自己加油、鼓勵自己、幫助自己，孩子也會努力。

一旦成為孩子的支持者，你就會發現孩子更多的長處。凡事朝積極的方向想。孩子只要做了好事就讚美，哪怕是很小的事情。在這樣的環境中，孩子的才能必定能得到發揮，同時還能建立與父母間的信賴關係。

如果孩子不情願，而家長又一意孤行，就會產生問題。**相反地，支持孩子、當孩子的支持者、在孩子遇到困難的時候挺身而出，是非常難能可貴的。**這樣做，孩子也會全力以赴，信任父母。

請馬上成為孩子的支持者吧，這才是只有父母會做的事。

# 87 為博得孩子的尊敬而努力

## 親子關係貫穿兩代人生，做值得孩子尊敬的父母。

「我很尊敬我的母親。」說此話的青年沒有一絲害羞，大方得體。

若能聽到長大成人的兒女這樣說，真是再幸福不過的事。

這位青年的母親在住家附近開設一間繪畫課室，教導孩子們畫畫。從十年前開始，她每年都舉辦「藝術節」，不少大人、孩子都來參加，非常受歡迎。

孩子們親手繪製面具，和用水彩畫的衣服把自己裝扮起來，大家在海邊跳舞，看着這樣的照片，真令人既感動又開心。來參加的老老少少，有的唱歌跳舞、演奏樂器，也有人擺攤賣畫、雕刻、裝飾品、小吃，內容越來越精彩豐富，去年參加的人數達到一萬五千人。

不計得失的付出與幹勁，兒子尊敬這樣的母親，他也主動來幫忙。

孩子在托兒所、幼稚園、學校時，有一點點的「成功」，父母都非常高興。孩子的「成功」是對父母的鼓勵。

所以父母「希望孩子成功」的願望很容易變成對孩子的壓力。但同樣的，**孩子也期待着父母的成功，希望父母永遠值得自己尊敬。父母一生都將是孩子的榜樣。擁有值得尊敬、能夠與自己產生共鳴的父母是孩子的幸福。**

可悲的是，也有孩子把父母當作負面教材。

如果你努力去做一位值得孩子尊敬的家長，生活態度就會改變。

「孩子會怎樣看待我現在的工作和生活態度呢？」

有時不妨撫心自問。如果孩子已經上小學，也可以問問孩子。孩子很注意觀察父母的舉動，說不定孩子的回答會讓你大吃一驚。

# 88

# 親子攜手度過青春期

父母用心貼近，讓青春期的孩子可以快樂多一些，苦澀少一點，將所擁有的智慧傳承下去。

「青春期」是孩子對父母的教育進行總結的時候。小時候對父母唯命是從的孩子，也開始跟父母爭取主權。

如果是在運動或學習上令人擔心倒也罷了，或許此時孩子已經與你的期待背道而馳。不是整天玩手機、玩遊戲，就是沉迷於化妝。有時你甚至會懷疑自己的眼睛：這就是我那可愛的孩子嗎？

十幾歲的孩子正處於愛冒險的時期。他們會故意強烈地反抗，或做出過火的行為，如不上學、絕食、挑戰校規等。

不過，不用慌張。

**當孩子不斷做出試探父母內心想法的行為時，正是需要父母認真和孩子進行面對面交流的時候。請父母不要逃避，看着孩子的眼睛，做好上陣溝通的準備吧！**

這段時期，夫妻之間也可能產生分歧。來自孩子的反抗會攪亂家人的生活，影響夫妻關係，甚至可能導致家庭破裂。

面對孩子帶來的問題，請夫妻倆真誠地坐下來商議。在解決問題的過程中，或許會出現意想不到的轉機，令家庭成員間的感情更加深厚。

不必害怕改變，請把改變看作是好的契機。

相信只要克服了這段時期，父母就能與孩子成為摯友，一輩子和孩子交往下去。

# 後記

這本書是根據我迄今為止的採訪紀錄、許多讀過的書，以及我自己的育兒經驗所寫成的。

在採訪過程中，經常會遇到令我恍然大悟的經驗，心頭的疑問突然間就解開了。對孩子的教育無法馬上看到結果。但結果會在未來揭曉。

實際上，我並沒有意識地遵從什麼理念去實踐，只是回過頭去看，驚覺當時那樣做是做對了。

書中同時列舉了我最想告訴大家的問題，如怎樣才能做到不花錢就和孩子保持良好的關係，讓孩子得到朋友們的接納，並善待他人。如果這些內容能帶給大家一些啟發，我會很高興的。

現在的教育不允許失敗。大家都在這樣的緊張氛圍中，小心翼翼地教育着一、兩個孩子。

這種緊張的後果，就是讓孩子接受過度的早期教育、對孩子過於嚴厲地訓斥，這樣就很難和孩子建立良好的關係。

如何才能讓孩子獲得更理想的智力和體力，保證他步入社會後也能堅強地生活，與伙伴或周圍的人同心協力，和父母和睦相處？父母又能為孩子做些什麼呢？教育孩子的最終目的是什麼？終點應該設在哪裏？在此，我深深感謝岩崎書店的田邊三惠小姐給我這個機會，透過這本書讓我重新思考這些問題。

希望這本書，能讓更多父母投身到關心孩子的育兒體驗中。

杉山由美子

## 祖父祖母正能量——孫兒這樣教

作者：孫慧玲
頁數：204頁
印刷：彩色
裝幀：假精裝
ISBN：978-962-08-6364-6

現今社會不少祖父母們都肩負起照顧孫兒日常生活的責任。這種隔代教育並不罕見，然而為人祖父母在教養孫兒的過程中應該扮演怎樣的角色？如何做到教養方式與時並進？怎樣維持家中三代關係的和諧？

本書作者孫慧玲有豐富的教學經驗，並一直致力參與兒童及青少年事務，對教養孩子早有一套獨門心得。期望藉着本書以外祖母的身分，和所有祖父母、外祖父母分享教育孫兒的經驗和喜悅。從祖父母自身作準備，到孩子生理成長性格締造、道德培養，以至智慧、學業能力的栽培等，都一一縷述，務求和祖父母們互勉互勵，探討育孫的各個方面，可行而有效的妙法。

### 推薦

如果祖父母輩，能發揮他們這一代在香港社會發展中，起過承先啟後角色的經驗和體驗，輔助子女養育孫輩，這會成為很有價值的正能量。孫女士這本新著，不寧就是我這種想法的先聲。

**饒宗頤文化館名譽館長 陳萬雄**

能為父母不一定能做好祖父母，世事隨時代進步，我們要追上潮流，虛心學習，身體力行，才能享受弄孫之樂。此書值得大力推薦。

**威爾斯親王醫院骨科講座教授 陳啟明**

本書內容豐富全面，寫作風格清新、易讀。孫老師除了從祖父母的角度提出教養孫兒的建議外，還能做到配合孩子爸媽的教育理念，並能體察孩子的真正需要，帶領親子教養的新潮流，促進家庭跨代共融，值得我大力推薦。

**資深親子教育專家 陳呂令意**

## 陪孫女學中文—語文教育開啟孩子潛能

作者：宋詒瑞
頁數：192頁
印刷：彩色
裝幀：假精裝
ISBN：978-962-08-6365-3

良好的語文是掌握不同學問的重要基礎。家人是孩子學說話最重要的老師，只要家長有教育的意識，生活中每時每刻都是訓練孩子語文能力的好時機。

本書作者—兒童文學作家及資深語言導師宋詒瑞，以祖母的身分分享她陪伴孫女成長的經驗，從中點出祖父母以及父母可以如何在日常生活的不同方面對孩子進行語文教育，並以自身經驗印證語文教育對孩子各方面的腦力開發皆有好的影響。

宋老師和孫女之間的生活小事，既充滿溫情，也透出幽默的童趣，讓我們在會心微笑之間，能夠獲得教育孩子的一些啟發。宋老師寶貴的自身經驗值得各位祖父母們，以至父母們借鑒。你也可以擔當孩子的第一位語文老師！

### 推薦

本書不是談如何栽培神童，而是點點滴滴記下生活忙碌的普通人家，不必銀行有400萬，只需懂得權宜輕重，把握時間，善用公共資源，就可以培養出一個有個性、快樂、積極的兒童。

**青田教育中心總編輯 韋惠英**

# 跟日本媽媽教出「十優」孩子

作　　者：杉山由美子
翻　　譯：宸睿
責任編輯：黃花窗
出　　版：新雅文化事業有限公司
香港英皇道 499 號北角工業大廈 18 樓
電話：（852）2138 7998
傳真：（852）2597 4003
網址：http://www.sunya.com.hk
電郵：marketing@sunya.com.hk
發　　行：香港聯合書刊物流有限公司
香港新界大埔汀麗路 36 號中華商務印刷大廈 3 字樓
電話：（852）2150 2100
傳真：（852）2407 3062
電郵：info@suplogistics.com.hk
印　　刷：群鋒印刷事業有限公司／揚昇彩色印刷股份有限公司
版　　次：二〇一六年十一月初版
10 9 8 7 6 5 4 3 2 ／ 2017
香港及澳門地區出版發行權由人類智庫數位科技股份有限公司授予

ISBN：978-962-08-6696-8
OKANE WO KAKEZUNI「DEKIRUKO」WO SODATERU by Yumiko Sugiyama

Originally published in Japan in 2009 by IWASAKI Publishing Co., Ltd.
Chinese (in traditional character only) translation rights arranged with IWASAKI Publishing Co., Ltd. Japan. through CREEK & RIVER Co., Ltd.